A anatomia das unhas

Completo

Definitivo

Obrigatório

Editora Appris Ltda.
1.ª Edição - Copyright© 2025 dos autores
Direitos de Edição Reservados à Editora Appris Ltda.

Nenhuma parte desta obra poderá ser utilizada indevidamente, sem estar de acordo com a Lei nº 9.610/98. Se incorreções forem encontradas, serão de exclusiva responsabilidade de seus organizadores. Foi realizado o Depósito Legal na Fundação Biblioteca Nacional, de acordo com as Leis nºs 10.994, de 14/12/2004, e 12.192, de 14/01/2010.

Catalogação na Fonte
Elaborado por: Dayanne Leal Souza
Bibliotecária CRB 9/2162

B877a 2025	Brown, Harrison N. A anatomia das unhas: completo, definitivo, obrigatório / Harrison N. Brown. – 1. ed. – Curitiba: Appris, 2025. 252 p. : il. color. ; 27 cm. Inclui referências. ISBN 978-65-250-7671-3 1. Manicure (Técnica). 2. Unhas (Anatomia). 3. Unhas artísticas. 4. Mãos. 5. Pés. 6. Beleza física (Estética). 7. Moda. I. Título. CDD – 646.727

Appris
editorial

Editora e Livraria Appris Ltda.
Av. Manoel Ribas, 2265 – Mercês
Curitiba/PR – CEP: 80810-002
Tel. (41) 3156 - 4731
www.editoraappris.com.br

Printed in Brazil
Impresso no Brasil

Harrison N Brown

A anatomia das unhas

Completo
Definitivo
Obrigatório

artêra
editorial

Curitiba, PR
2025

FICHA TÉCNICA

EDITORIAL	Augusto V. de A. Coelho
	Sara C. de Andrade Coelho
COMITÊ EDITORIAL	Ana El Achkar (Universo/RJ)
	Andréa Barbosa Gouveia (UFPR)
	Jacques de Lima Ferreira (UNOESC)
	Marília Andrade Torales Campos (UFPR)
	Patrícia L. Torres (PUCPR)
	Roberta Ecleide Kelly (NEPE)
	Toni Reis (UP)
CONSULTORES	Luiz Carlos Oliveira
	Maria Tereza R. Pahl
	Marli C. de Andrade
SUPERVISORA EDITORIAL	Renata C. Lopes
PRODUÇÃO EDITORIAL	Sabrina Costa
REVISÃO	Andrea Bassoto Gatto
DIAGRAMAÇÃO	Andrezza Libel
CAPA	Carlos Pereira
REVISÃO DE PROVA	Lavínia Albuquerque

Agradecimentos

A Deus, Supremo Autor e Consumador de todas as coisas. Agradeço imensamente ao único Deus que, por misericórdia, enviou Jesus Cristo, seu único filho, para morrer em uma cruz, ressuscitar no terceiro dia e, assim, salvar a todos os que n'Ele creem (Marcos 16:16).

À minha companheira, adjutora e esposa, Maria, por tolerar meu confinamento produzido pela profissão. À minha filha, Hadijah Sophie, pelo seu entusiasmo inocente que irradiava a casa toda enquanto eu pesquisava e escrevia. Aos amigos e irmãos em Cristo que, de uma forma ou de outra, contribuíram orando por mim e desejando êxito neste livro.

Sumário

INTRODUÇÃO 15
    Cavalos raquíticos 17
    Nota do autor 18
    Uma pequena história de vitória e fé 19
    Ícones neste livro 20

CAPÍTULO 1: PRIMEIROS PASSOS – ONDE TUDO COMEÇA 21
    Como escolher a área que devo seguir? 21
    Aprender sempre, uma necessidade atual 23
    O profissional de verdade 25
    Capacitação e treinamento 26
        Certificação 27
        Adquira experiência 28
        Aprender sempre 28
        Aprimore suas habilidades 29
        Atendimento ao cliente 29
        Conformidade e segurança 30
        Considere especialização 30
        Empreendedorismo 30
    Cosmetologia 32
    A cosmetologia ao longo das eras 35
    ANVISA 38
        Agência Nacional de Vigilância Sanitária 38
        Regularização 38
        Higiene 38
        Produtos 39
        Profissionais 39
        Denúncias 40

CAPÍTULO 2: POR QUE E PARA QUE APRENDER SOBRE ANATOMIA? 41
    A anatomia das unhas 42
    Lâmina ungueal 43
    Leito ungueal 44

Epôniquio 45
Cutícula 47
Epôniquio não é cutícula 48
Lúnula 49
Matriz ungueal 50
Dobras ungueais 52
Hipôniquio 53
Raiz 54
Borda livre 55
O processo de crescimento das unhas 55
Formatos de unhas naturais 57
Espessura da unha natural 58
Reações alérgicas 60
   O que é alergia? 60
   O que é uma reação alérgica 61
Alergia a esmaltes 62

CAPÍTULO 3: ANOMALIAS E DOENÇAS UNGUEAIS 65

Infecções fúngicas nas unhas (Onicomicose) 65
   Causas frequentes 67
   Tratamento 67
Onicocriptose (unhas encravadas) 68
Psoríase 70
   Causas e gatilhos 71
   Tipos de psoríase 71
   Tratamento 71
Paroníquia 72
   Paroníquia aguda 73
   Paroníquia crônica 73
Trauma ungueal 74
Linhas de Beau 76
   Causas das linhas de Beau 77
Onicólise 78
   Sintomas de Onicólise 79
   Tratamento de Onicólise 79
Síndrome das Unhas Amarelas 80
Onicogrifose 83
Unhas fracas 85
Verrugas ungueais 87
Granuloma piogênico 88

Aparar e lixar corretamente as unhas 90
Evite roer e/ou cutucar as unhas 91
Proteja suas unhas... 91
Hidrate suas unhas e cutículas... 91
Fortalecedores de unhas 91
Mantenha uma dieta balanceada.. 91
Mantenha-se hidratado... 91
Evite o uso excessivo de esmaltes e acrílicos.. 92
Pratique hábitos seguros de manicure 92

CAPÍTULO 4: PELE, A ARMADURA DO NOSSO CORPO 93

A nossa pele 95
    Estrutura 95
    Funções da pele... 96
    Tipos de pele 96
A anatomia dos capilares sanguíneos 96
Função dos capilares sanguíneos 97
Doenças de pele 99
    Doenças de pele comuns... 100
    Doenças infecciosas da pele 100
    Doenças inflamatórias da pele... 101
    Doenças de pele autoimunes... 101
    Doenças genéticas da pele.. 101
    Cânceres de pele... 101
Reações alérgicas de pele... 102
    Dermatite alérgica de contato.. 102
    Dermatite de contato irritativa 103
    Pontos adicionais importantes sobre reações alérgicas na pele............... 103
Cuidados com a barreira protetora da pele 103
    Procure atendimento médico... 104
    Doenças crônicas de pele 104
    Outras condições de pele.. 105
Cuidados com a pele.. 106
Produtos e procedimentos de unha que danificam a pele............................... 107
    Unhas acrílicas e de gel 107
    Cola para unhas 108
    Removedor de esmalte 108
    Alicates e espátulas... 108
    Endurecedores e agentes secantes de unhas 108
    Adesivos para *nail art*... 109

    Extensões de unhas 109
    Esmaltes com ingredientes agressivos 109
    Reações alérgicas 109

CAPÍTULO 5: MANICURE – MUITO MAIS DO QUE UMA PROFISSÃO: UM DOM 111

Trabalhando em casa e sem patrão/patroa 112
Atendimento ao cliente, o segredo do sucesso 113
Como atender bem a(o) cliente? 115
Ações para o cliente não voltar nunca mais 118
    Rejeitar atender o cliente 119
    Não ouvir as necessidades do cliente 119
    Não respeitar o tempo de análise do cliente 120
    Oprimir o cliente 120
    Não ter pleno conhecimento dos serviços prestados 121
    Não investir no conhecimento dos clientes 121
    Ignorar o pós-venda 121
    Desqualificar a reclamação do cliente 122
    Não ter um atendimento virtual efetivo e eficaz 122
    Negar-se ou dificultar troca, reposição e/ou devolução 123
Profissional feliz é igual a cliente satisfeito 123
Funcionário ou colaborador? 127
    O funcionário 127
    O colaborador 127
Funcionários e colaboradores – A alma da empresa 127
    De patrão para empregado – Como tratar funcionários e colaboradores? 128
    Respeito e valorização 128
    Comunicação eficaz 129
    Justiça e equidade 129
    Empoderamento e autonomia 129
    Reconhecimento e recompensas 129
    Equilíbrio entre a vida profissional e a pessoal 130
    Desenvolvimento profissional 130
    Segurança e bem-estar 130
    Resolução de conflitos 130
    Inclusão e diversidade 130
    Liderança pelo exemplo 131
    Feedback e melhoria 131
    Conflito de interesses e concorrência leal 131
    Reconhecimento de eventos de vida pessoal 131
    Envolvimento da comunidade 131

Como ser um bom funcionário? 132
A primeira impressão é a que fica 137
Atitude e desenvolvimento pessoal = sucesso. 139

CAPÍTULO 6: ANATOMIA E FISIOLOGIA 143

Anatomia 144
Fisiologia 146
A anatomia das células 149
Toxinas 152
    As toxinas e seus efeitos danosos 153
O metabolismo celular 155
    O que o profissional de unhas aprende com tudo isso? 157
    Quanto mais conhecimento, mais qualidade haverá em seu trabalho 157
Bactéria e vírus – Diferenças 159
    Estrutura celular 160
Bactérias e vírus – Organismos vivos e não vivos 160
    Reprodução 161
    Maquinaria celular 161
    Resposta aos antibióticos 161
    Estrutura 161
    Ambientes de convivência 162

CAPÍTULO 7: MÃOS E PULSOS 163

Mãos 164
O sistema muscular das mãos 166
Conhecendo os músculos das mãos 168
    Músculos intrínsecos 169
    Músculos extrínsecos 172
    Pulsos 173
Síndrome do Túnel do Carpo (STC) 175
    Sintomas da STC 175
Cuidados com a saúde dos pulsos 177
    Prevenção e cuidados 177
Tendinite 178
A postura correta da(o) profissional de unha 181
Dor nas mãos e possíveis causas 183

CAPÍTULO 8: ANAMNESE 187

Quem deve fazer a anamnese? 190
Como dizer não a uma solicitação de procedimento 190

  Seja honesto e direto 191
  Use linguagem educada..191
  Oferecer alternativas..191
  Definir limites 191
  Expressar arrependimento 192
  Consulte outros profissionais 192
  Mantenha o profissionalismo 192
  Forneça uma explicação clara, sincera e objetiva 192
  Ofereça para revisitar o pedido no futuro..192
 Etapas de atendimento padrão...193
  Saudação 193
  Anamnese 193
  Preparação 193
  Esfoliação 194
  Massagem 194
  Imersão das unhas 194
  Cuidados com as cutículas 194
  Limpeza e lixamento 194
  Aplicação de esmalte 195
  Toques finais 195
  Pagamento e agendamento 195

CAPÍTULO 9: EQUIPAMENTOS PROFISSIONAIS DA MANICURE........................197
  Mesas de manicure 198
  Cadeiras de clientes 198
  Racks para esmaltes 198
  Secadores de unhas UV ou LED 198
  Broca e esmaltes 198
  Equipamento de esterilização 199
  Tigelas para imersão de mãos 199
  Empurradores e pinças de cutículas 199
  Cortadores de unhas e lixas 199
  Escovas de unhas 199
  Loções e hidratantes para as mãos 199
  Suprimentos descartáveis 199
  Iluminação 200
  Música ambiente ou rádio personalizada 200
  Barreiras sanitárias 200
  Materiais descartáveis 200
  Câmara UV 201
  Cuidados no uso da câmara UV 203

CAPÍTULO 10: O ESMALTE DE UNHAS 205

- Composição do esmalte 206
  - Resinas 206
  - Solventes 206
    - O solvente mais utilizado é o tolueno 207
    - Outros tipos de solventes usados em esmaltes 207
  - Plastificantes 208
  - Corantes 209
  - Tipos de corantes 209
- O processo de secagem e cura do esmalte 209
- Criando sua própria cor de esmalte 211
- Esmalte em gel 212
  - Processo de fabricação do esmalte em gel (básico) 213
  - Polimerização do esmalte em gel 214
    - Composição do esmalte em gel 215
    - Aplicação do esmalte em gel 217
    - Quando não usar esmalte em gel? 218

CAPÍTULO 11: ALONGAMENTO DE UNHAS 219

- Biossegurança – Uma prioridade antes de qualquer procedimento 220
- Unhas de fibra de vidro 220
  - Vantagens da fibra de vidro 222
    - Cuidado especiais 223
  - A fibra de vidro e seus perigos 223
- Unhas de gel 224
  - Cuidados necessários 225
- Unhas de acrílico 226
- Acrigel 227
- Destaque-se na multidão e dê um UP na carreira! 227
- Domine estes serviços e voe bem alto! 228
  - Tratamento/Alongamento com fibra de seda 228
  - Alongamento em soft gel 229
  - Alongamento em acrilfix (New York) 229
  - Alongamento em gel 230
  - Alongamento em porcelana 231
  - *Nail art* 231
  - *Baby boomer* 232
  - Blindagem de unhas 232
  - *Bubble nails* 233
  - Cutilagem russa 234
  - Lixar em diferentes formatos 234

Esmaltação em gel 235
Manutenção de alongamentos 236
Técnica da ponte 237
Unha modelo bailarina 238
Unha *stiletto* 238
Unhas em 3D 239
Unhas em gel 240
Unhas encapsuladas 240
O uso correto da cabine de luz UV 241

CAPÍTULO 12: MARKETING – PROPAGANDA 243
Marketing – alma, alimento e garantia de vida de um negócio 243
O que é marketing? 244
Principais aspectos do marketing 245
Mix de Marketing (PPLP) 245
Objetivos do marketing 246
Tendências modernas de marketing 247
Pesquisa e análise de mercado 248
Defina sua proposta de venda exclusiva 248
Fixe sua marca 248
Desenvolva uma estratégia de marketing 248
Promoções e ofertas especiais 249
Experiência e retenção do cliente 249
Meça e ajuste 250
Cronograma de marketing (exemplo) 250

REFERÊNCIAS 251

Introdução

Uma coisa é certa: se você está lendo este livro, isso significa que há um desejo ardente em você de tornar-se um(a) profissional capacitado(a) no sempre ascendente ramo de unhas, seja como pedicure, manicure e/ou podólogo(a) ou, ainda, como instrutor, gerente de salão etc. saiba que essa foi, com certeza, uma escolha de carreira acertada e gratificante para pessoas que, como você, primeiro sonham, em seguida planejam e, por fim, vão atrás dos meios que os levarão ao sucesso.

O ramo de unhas é uma subcategoria do ramo da beleza e estética e é, sem dúvida alguma, um dos segmentos profissionais que mais cresce no Brasil e no mundo. Parabéns pela escolha e vamos em frente!

Ser um profissional de unhas vai muito além de fazer unhas, esmaltá-las e ganhar dinheiro. Há muito mais coisa permeando esse trabalho do que normalmente as pessoas sabem ou pensam. Fazer unha é tocar nos sentimentos das pessoas, em sua vaidade, gosto pessoal, sensibilidade, prazer, autoestima etc.

Quando lidamos com os sentimentos das pessoas e quando isso se dá por meio do nosso trabalho, devemos ter em mente que será necessário suprir expectativas e alcançar objetivos diversos e alheios, e sempre de pessoas diferentes. Aquele ou aquela que procura o salão de beleza leva consigo uma grande necessidade de obter algo que realize um desejo pessoal para o qual não aceitará nada menos do que o máximo e o melhor; e do outro lado está o profissional da beleza, que tem a missão de realizar tal desejo e, assim, mudar e dar sentido ao dia e, por que não dizer, à vida dos seus clientes.

O pleno conhecimento técnico e prático é necessário, pois na maioria dos atendimentos é preciso dialogar com os clientes, dar dicas, fazer exemplificações e demonstrações, encorajá-los ou desencorajá-los a respeito de uma solicitação, explicar com exemplos determinados procedimentos, cuidados, riscos, produtos adequados e muitos outros assuntos pertinentes no momento.

Neste livro você encontrará tudo que precisa para ser um profissional de alto nível, porém por si só este livro nada fará por você. Cabe a você mesmo trazer à realidade, efetivar e pôr em prática todo o conteúdo aqui exposto e, assim, deslanchar de vez nesta que é, sem sombra de dúvida, uma das mais promissoras profissões do mundo moderno. Boa sorte!

Cavalos raquíticos

Certa vez, um fazendeiro criador de cavalos estava triste devido à aparência raquítica dos seus animais, problema para o qual ele ainda não havia encontrado uma solução.

Cansado de presenciar aquela amarga situação, resolveu pedir ajuda a outro fazendeiro da região, que também tinha um haras. Chegando à fazenda do vizinho, debruçou-se sobre a cerca, trocou alguns cumprimentos e disse: "Caro vizinho, meus cavalos têm emagrecido a cada dia e eu não consigo identificar a causa. Você poderia me ajudar, por favor?".

"Claro que sim, amigo!", **respondeu o vizinho.** *"Vou te ensinar uma simpatia infalível! Faça assim: todos os dias, quando os cavalos terminarem de comer, você manda os tratadores recolherem as sobras de ração e depositá-las numa vasilha grande. Depois mande que adicionem bastante água e, por fim, peça para que deem um banho nos cavalos com essa mistura. Você verá rapidamente a diferença. Garanto".*

Muito agradecido, o fazendeiro voltou para sua fazenda e deu início à simpatia. Porém, algumas horas mais tarde, quando os tratadores foram apanhar as sobras, notaram que nada havia restado nos cochos. Ao comunicarem o fato ao fazendeiro, ele pediu aos empregados que colocassem mais ração para os cavalos e aguardassem as sobras. Quando voltaram, notaram que novamente nada havia sobrado.

O fazendeiro entendeu, então, que nenhuma simpatia existia e que o problema seria resolvido dando aos cavalos a quantidade adequada de alimentos necessária para que tivessem saúde, beleza, força e a disposição esperada.

Trocando em miúdos, e trazendo para a nossa vida: o alimento de todo profissional que se preza, em qualquer segmento que seja é, sem dúvida, o conhecimento. Sem informação suficiente somos raquíticos de mente, de espírito e de ação. Uma mente sem um amplo depósito de conhecimento e experiências não pode executar um trabalho à altura do mercado atual e das necessidades dos clientes do mundo moderno, e como já sabemos: *"Não existe empreendimento estável sem uma sólida clientela".*

Não devemos e não podemos ser profissionais raquíticos. Essa condição certamente nos impedirá de ascendermos ao sucesso e, consequentemente, de escalarmos a grande muralha que nos separa dos nossos objetivos e sonhos.

Nota do autor

Já estamos em 2024. Meu Deus! Como o tempo passa rápido! Olho para trás e penso: "Aqui estou eu, já passando pelo quinto ano de estudos e pesquisas para a elaboração desta obra! Ó, meu Deus! Eu sei que valerá a pena".

Muitos perguntam se não me canso deste trabalho recluso e silencioso (exceto quando se escreve em home office*).* *Sempre respondo que* "o prazer em fazer o que se gosta ofusca, sufoca e afasta qualquer fadiga e desânimo", *tanto que nem me lembro mais das longas horas, longos dias, meses e anos de trabalho, confinamento e envolvimento.*

Muito pelo contrário, sinto-me honrado, realizado e feliz por saber que este livro ajudará pessoas como você a alcançar metas e a realizar o sonho almejado. Nada pode me fazer mais contente do que saber que o fruto do meu esforço servirá de ferramenta para auxiliar pessoas a escalarem rumo ao topo de suas carreiras, onde cada um fincará a sua bandeira, o símbolo da garra, da persistência e da dolorosa, porém honrosa, conquista.

Muito obrigado por me deixar fazer parte disso tudo.

"A sorte é um veículo que nos leva ao sucesso, porém exige que viajemos acompanhados do esforço, do foco, da fé em Deus e da capacidade".
(Harrison N. Brown)

Uma pequena história de vitória e fé

Uma vez li um texto bíblico num canal chamado @fisher.of.souls, no Instagram, e não mais o esqueci. Desse dia para cá tenho usado esse texto como item primordial para todos os meus projetos.

Aproveitando a deixa, recomendo fortemente que você também conheça e siga esse abençoado canal, que publica somente o alimento original, sem mistura: a Palavra de Deus.

O texto bíblico ao qual me refiro é:

Consagre ao Senhor tudo o que você faz e os seus planos serão bem-sucedidos.
(Provérbios 16:3)

Ícones neste livro

Todas as vezes que você encontrar um destes ícones no decorrer deste livro, alguma observação, dica, alerta ou lembrete ajudá-lo-á a compreender ou se inteirar mais do assunto lido naquele momento.

Icon - Dicas de saúde

Sempre que você notar a presença deste símbolo você verá informações sobre dicas e alertas sobre segurança e cuidados com a saúde.

Fonte: ID 25155584 ©Alisa Karpova/Dreamstime.com

Icon - Dicas úteis

Sempre que você notar a presença deste símbolo, isso quer dizer que existe uma chamada ou dica importante.

Fonte: ID 11926315 | ©Juri Samsonov/Dreamstime.com

Icon - Dicas do autor

Sempre que você notar a presença deste símbolo você verá dicas e alertas gerais do autor para te auxiliar e esclarecer sobre o assunto do momento.

Fonte: ID 50234951©Evgenii Sidorov/Dreamstime.com

Capítulo 1
Primeiros passos – Onde tudo começa

Como escolher a área que devo seguir?

C1 - 001 Onde tudo começa

(Photo 63211855 | Doubt © Studio Grand Web | Dreamstime.com)

Chegou o momento de iniciar os estudos e de se aprofundar na carreira como profissional de unhas. Hora do frio na barriga e o momento em que bate aquela insegurança e preocupação em saber escolher a área do ramo para a qual seguir.

Sem dúvida alguma é um momento bastante sério e de muita responsabilidade, por isso as dúvidas e os medos estão presentes e são perfeitamente normais. Aqui estão alguns passos para ajudá-lo(a) a fazer uma escolha consciente sobre sua futura carreira:

Autoavaliação: comece entendendo seus pontos fortes, suas habilidades, seus interesses, seus valores e seus traços de personalidade. Considere quais atividades você gosta do ramo, em quais disciplinas você se destaca e que tipo de ambiente de trabalho você prefere. Busque se inteirar da profissão de interesse e verá que ao passo em que adquire conhecimento prévio do seguimento de interesse, mais tranquilo e confiante você vai ficando e tudo flui melhor.

Pesquisa exaustiva: pesquise vários setores do ramo de unhas para saber mais sobre suas funções, responsabilidades, qualificações exigidas, faixas salariais, perspectivas de crescimento e demanda do mercado de trabalho. Explore recursos on-line, sites de empresas já estabelecidas no mercado e quadros de empregos para coletar informações.

Estabeleça metas: defina suas metas de carreira em curto, médio e longo prazos. Determine o que você deseja alcançar nos próximos anos e onde você se vê no futuro. Ter objetivos claros ajudá-lo-á a se concentrar, a focar e a tomar decisões alinhadas com suas aspirações.

Habilidades e qualificações: identifique as habilidades e as qualificações necessárias para o segmento pelo qual você está interessado(a). Por exemplo, caso, em seus planos, você não considere se estabilizar como funcionário(a) de um salão, onde certamente terá que aceitar ordens e ter seu salário fixo e mensal, você deverá, de imediato, traçar planos paralelos incluindo economizar fundos para abrir seu próprio negócio de unhas após formado(a).

***Networking*:** construa e mantenha uma rede profissional. Participe de eventos, seminários, *workshops* e conferências do setor para se conectar com profissionais da área desejada.

Estágios e voluntariado: considere estágios, empregos de meio período ou oportunidades de voluntariado nas empresas que você está considerando. A experiência prática pode ajudá-lo a obter conhecimentos apurados sobre os aspectos do dia a dia de trabalho e confirmar se é uma boa opção para você.

Converse com profissionais: entre em contato com profissionais confiáveis que já trabalhem na área de seu interesse. Com humildade, pergunte sobre as experiências deles, os desafios e os conselhos para os recém-chegados.

Avalie os fatores do estilo de vida: considere fatores como equilíbrio entre vidas profissional e pessoal, localização, deslocamento diário e estabilidade no emprego. Esses aspectos podem afetar significativamente sua satisfação geral no trabalho.

Tendências do mercado de trabalho: fique atualizado sobre as tendências atuais e futuras do mercado de trabalho. Algumas indústrias podem estar crescendo rapidamente, enquanto outras podem estar em declínio. Estar ciente dessas tendências pode ajudá-lo a tomar decisões informadas sobre as perspectivas de emprego.

Avaliação e *feedback*: é importante lembrar que a escolha de um emprego, embora pareça, não é uma decisão permanente. Você sempre pode fazer alterações se achar que a carreira escolhida não é tão gratificante quanto você esperava. Não há problema em experimentar e aprender com suas experiências.

Confie em seus instintos: depois de reunir todas as informações e percepções, analise-as cuidadosa e criteriosamente e, então, confie em seus instintos. Tome o cuidado de escolher uma área que esteja alinhada com seus valores, interesses, propensões e objetivos, e que você acredita que lhe trará satisfação, alegria, realização pessoal e saciedade profissional.

Lembre-se, assim como acontece em qualquer profissão, escolher uma área do ramo de unhas é um processo dinâmico. É normal ter incertezas, mas ao dar o primeiro passo e estar aberto ao aprendizado e aperfeiçoamento constantes, seguramente você estará fazendo a escolha da sua vida.

Aprender sempre, uma necessidade atual

Embora a necessidade de aprendizagem contínua possa variar com base nos objetivos e nas circunstâncias pessoais, existem várias razões convincentes pelas quais a aprendizagem ao longo da vida é frequentemente incentivada:

Adaptação à mudança: em um mundo em rápida evolução no qual vivemos, é normal e corriqueiro que surjam constantemente novas tecnologias, novas empresas, e com isso novas formas de pensar. A aprendizagem ao longo da vida ajuda você a se adaptar a essas mudanças e a permanecer relevante em sua área de atuação.

Crescimento na carreira: adquirir novas habilidades e novos conhecimentos pode melhorar suas perspectivas de carreira. Abre oportunidades de avanço, promoções e a capacidade de mudar para funções novas e potencialmente mais gratificantes.

Desenvolvimento pessoal: o aprendizado promove o crescimento pessoal e o autoaperfeiçoamento. Aumenta sua confiança, sua criatividade e suas habilidades de resolução de problemas, tornando você um indivíduo mais completo e em destaque.

Estimulação intelectual: desafiar-se continuamente com novas informações e ideias mantém sua mente ativa e engajada, reduzindo o risco de declínio cognitivo à medida que envelhece.

Resolução de problemas: o aprendizado expõe você a diferentes perspectivas e abordagens, melhorando sua capacidade de resolver problemas complexos e tomar decisões rápidas e eficazes.

Horizontes expandidos: o aprendizado amplia seus horizontes e lhe mostra diversas culturas, variados pontos de vista e assuntos abrangentes. Isso pode levar a uma compreensão mais profunda do mundo e a uma maior empatia para com os outros, tanto em ambiente de trabalho como também nos ambientes familiar e social.

Inovação: muitas inovações revolucionárias ocorrem na interseção de diferentes campos. Ao aprender em várias disciplinas você pode contribuir para novas ideias e novas soluções.

Realização pessoal: ganhar experiência em um novo assunto ou habilidade pode ser altamente realizador e gratificante, além de nos levar a sentir aquela sensação gostosa de realização e elevada autoestima.

***Networking*:** o envolvimento em oportunidades de aprendizagem oferece oportunidades de conexão com indivíduos, especialistas e mentores com ideias semelhantes que podem oferecer experiência, incentivos e colaborações.

Resiliência: o aprendizado ensina como lidar com falhas e contratempos. Incentiva uma mentalidade construtiva, em que os desafios são vistos como oportunidades de aprendizagem e não como obstáculos.

Permanecendo relevante: os setores e profissões estão em constante evolução. O aprendizado garante que você permaneça atualizado com as últimas tendências e novos desenvolvimentos em sua área.

Benefícios para a saúde: o envolvimento em atividades cognitivas, como a aprendizagem, tem sido associado à melhoria da saúde do cérebro e à redução do risco de declínio cognitivo à medida que envelhecemos, como Alzheimer, demências e outros.

Lembre-se de que a aprendizagem ao longo da vida não significa necessariamente educação formal constante. Pode incluir a leitura de livros, a participação em *workshops*, cursos on-line, a prática de hobbies ou simplesmente a curiosidade sobre o mundo ao seu redor.

O objetivo é permanecer curioso, ter a mente aberta e estar disposto a abraçar novos conhecimentos e novas experiências ao longo da vida. Assegure-se de que o ontem já e um velhinho de bengala, apoiado neste hoje que também está prestes a se tornar antigo e obsoleto.

O profissional de verdade

De modo geral, tornar-se um bom profissional envolve desenvolver uma combinação de habilidades, atitudes e comportamentos que contribuam para o seu sucesso e sua eficácia na área escolhida, no nosso caso, as unhas. Aqui estão alguns princípios-chave a serem considerados, independentemente do ramo de atividade:

Aprendizado contínuo: mantenha-se atualizado com as últimas tendências, tecnologias e avanços em seu setor. Isso pode envolver educação formal, participação em *workshops* ou autodidatismo.

Desenvolvimento e aperfeiçoamento de habilidades técnicas: dependendo da sua profissão, adquira e aprimore as habilidades técnicas específicas necessárias. Isso pode ser proficiência em *software*, conhecimento de regulamentos ou domínio de um ofício específico.

Habilidades de comunicação: a comunicação eficaz é crucial. Pratique a clareza na expressão de ideias, na escuta ativa e na adaptação do seu estilo de comunicação a diferentes públicos.

Trabalho em equipe e colaboração: a maioria das profissões envolve trabalhar com outras pessoas. Aprenda a colaborar de forma eficaz, contribuir positivamente para os esforços da equipe e resolver conflitos de forma construtiva.

Gerenciamento de tempo: gerencie seu tempo com eficiência e priorize tarefas para cumprir prazos e atingir metas. Isso inclui planejar, definir objetivos e manter-se organizado.

Integridade e ética: mantenha altos padrões éticos em seu trabalho. A confiança e a credibilidade se baseiam na honestidade, na confiabilidade e no compromisso de fazer a coisa certa.

Adaptabilidade: esteja aberto a mudanças e seja capaz de se adaptar a novas situações ou novos desafios. A flexibilidade de pensamento e abordagem permite que você navegue em diversos ambientes de trabalho.

Habilidades de resolução de problemas: desenvolva habilidades de pensamento analítico e crítico para identificar problemas, avaliar opções e implementar soluções eficazes.

Networking: construa e mantenha relacionamentos profissionais em seu setor. O *networking* pode abrir portas para oportunidades, orientação e *insights* valiosos.

Profissionalismo: demonstre profissionalismo em seu comportamento, em sua aparência e em suas interações. Isso inclui ser pontual, respeitar os outros e assumir a responsabilidade por suas ações.

Busque *feedback*: busque ativamente *feedback* de colegas, mentores ou supervisores para identificar áreas de melhoria e refinar suas habilidades.

Desenvolvimento de carreira: tenha uma mentalidade construtiva e busque ativamente oportunidades de desenvolvimento de carreira, seja por meio de promoções, certificações ou responsabilidades adicionais.

Lembre-se, tornar-se um bom profissional é uma jornada que exige dedicação, autoconhecimento e compromisso com a melhoria contínua. Ao focar nesses princípios você pode aprimorar suas habilidades e construir uma reputação como um profissional competente e respeitado em sua área.

Voltando ao assunto foco deste livro, posso afirmar que para se tornar um técnico ou um profissional de unhas, geralmente você precisará seguir estas etapas:

Capacitação e treinamento

C1 - 002 Capacitação e treinamento

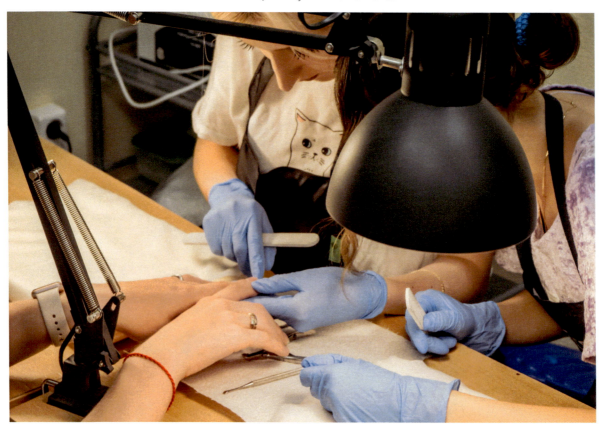

(Photo 63211855 | Doubt © Studio Grand Web | Dreamstime.com)

Seguindo a máxima que afirma que "ninguém nasce sabendo", buscar um bom e conceituado centro de treinamento para ter uma boa formação e capacitação profissional certamente é o pontapé inicial para dar o primeiro passo rumo à conquista do seu objetivo.

Matricule-se em um bom curso técnico de unhas que aborde tópicos importantes, como anatomia das unhas, distúrbios, saneamento e higiene, técnicas de segurança e outros mais que você ainda verá neste livro.

Considere ingressar em um curso que adote o treinamento prático intercalado ao aprendizado técnico. Isso será crucial para a sua evolução e seu aproveitamento, portanto se certifique de que a escola escolhida oferece e inclui experiência prática com clientes reais.

Certificação

Todo profissional que se preza deve ter um certificado de formação, mas não somente para pendurá-lo na parede e enfeitar o ambiente. Lembre-se que a maior e mais valiosa certificação é ter pleno domínio do assunto ou função proposta e ser capaz de executar com desenvoltura, leveza, profissionalismo e maestria o seu trabalho, sempre atento(a) a normas, cuidados e leis que regem a profissão.

Antes de ingressar em uma escola, verifique se a certificação emitida por ela no término do curso é abrangente a nível nacional, e aproveite para saber se os professores, além de terem pleno conhecimento do assunto, são realmente treinados para ensinar e se atuam na área em que lecionam.

Adquira experiência

C1 - 003 Adquira experiência

(Photo 241326786 © Tetiana Kitura | Dreamstime.com)

Não existe uma maneira de comprar a prática. Ela é conquistada somente com o tempo e pela repetição de uma determinada tarefa. Como um profissional recém-formado, você poderá iniciar sua carreira trabalhando em salões de beleza, *spas* e centros de treinamento na área da beleza e estética. Isso lhe conferirá experiência prática, irá auxiliá-lo a construir uma base sólida e prepará-lo para atender seus futuros clientes, quem sabe em seu próprio negócio.

Aprender sempre

Tudo no mundo muda conforme o tempo vai passando e na indústria da beleza não é diferente, tudo está em constante evolução. Com isso em mente, considere que sua formatura e sua certificação têm prazo de validade e podem expirar em médio ou curto prazo.

Para evitar que seus conhecimentos se tornem obsoletos e não competitivos, considere fazer cursos de atualização contínua para se manter por dentro das últimas tendências, técnicas, equipamentos e produtos para unhas e salão de beleza. Isso certamente o ajudará a fornecer os melhores serviços e produtos aos seus clientes.

Aprimore suas habilidades

Como técnico(a) e profissional de unhas, você deve refinar suas habilidades em vários serviços, e não só permanecer no básico como a maioria faz. Invista em aprimoramentos bem como manicure, pedicure, unhas em gel e fibra, extensões, unhas artísticas e outros.

Construir um portfólio forte de seu trabalho é garantia de sucesso, pois o ajudará a mostrar sua capacidade e sua experiência para clientes em potencial e fidelizar ainda mais os que você já tem.

Atendimento ao cliente

C1 - 004 Atendimento ao cliente

(Photo 144436293 © Vladimirs Poplavskis | Dreamstime.com)

Excelência no atendimento ao cliente é extremamente importante nesse campo. Construir um bom relacionamento com a clientela e proporcionar uma experiência agradável, respeitosa, confortável e positiva pode levar a agendamentos fidelizados e sistemáticos, e a indicação a amigos, colegas de trabalho, parentes e outros.

Atendentes com sorriso no rosto demonstram entusiasmo pela presença do(a) cliente e satisfação por atendê-lo(a), além de transmitir sensação de bem-estar, receptividade, respeito e alegria verdadeira pela profissão que exerce. Em contrapartida, o inverso de tudo isso gera o pior dos resultados: promove o efeito rotativo, que impede a fidelização dos clientes, promovendo uma clientela de presença esporádica, incerta e insatisfeita. Lembre-se: existem clientes sem empresa, mas é impossível existir empresa sem clientes.

Desde o momento em que o cliente chega ao estabelecimento, automaticamente ele inicia uma avaliação preliminar sobre o local (a primeira impressão), incluindo o tipo de decoração, a disposição dos setores, o estilo de música ambiente, a vestimenta, o comportamento dos colaboradores e outros aspectos mais.

Saiba mais sobre atendimento ao cliente no **Capítulo 5**.

Conformidade e segurança

Cumpra todos os regulamentos de higiene e segurança para garantir a saúde e o bem-estar seu e dos seus clientes. Práticas de saneamento adequadas são cruciais no cuidado das unhas para prevenir infecções.

Considere especialização

Você também pode optar por se especializar em uma área específica de cuidados com as unhas, como unhas artísticas, alongamentos, saúde das unhas etc. A especialização vai ajudá-lo(a) a se destacar e a atender a uma clientela específica, e fará de você, além de um profissional, um *expert* no assunto.

Empreendedorismo

C1 - 005 Empreendedorismo

(Photo ID: 64828001 ©Antonio Guillem|Dreamstime.com)

Esse é um dos pontos mais importantes a ser levado em consideração, pois empreender requer conhecimento, pesquisa exaustiva, força de vontade e muita, mas muita persistência. Todo formando vai empreender em algo após a certificação, ainda que seja em sua carreira pessoal, daí a necessidade de dar ênfase no empreendedorismo.

O empreendedor é aquela pessoa que realmente faz acontecer, que sai da sua zona de conforto, pula da cama já com o cronograma do dia na mente e pronto para o combate. É aquela pessoa que sai do seu ambiente de sonhos e planos e parte para a ação, fazendo jus ao nome empreendedorismo, que é o nome que se dá ao processo de criação, desenvolvimento e gestão de um empreendimento comercial com o objetivo de obter lucro.

Empreendedores são indivíduos que identificam oportunidades, reúnem recursos e assumem riscos para dar vida às suas ideias. O empreendedorismo desempenha um papel vital na promoção do crescimento econômico, da inovação e da criação de empregos em praticamente todos os setores.

Os principais aspectos do empreendedorismo são:

Inovação: os empreendedores frequentemente introduzem novos produtos, serviços ou modelos de negócios no mercado. A inovação é um aspecto central do empreendedorismo, pois envolve encontrar soluções criativas para problemas ou abordar necessidades não satisfeitas.

Assunção de riscos: os empreendedores estão dispostos a assumir riscos, tanto financeiros como estratégicos, para concretizarem as suas ideias de negócio. Assumir riscos é inerente ao empreendedorismo, pois não há certeza de sucesso e o fracasso é uma possibilidade.

Identificação de oportunidades: os empreendedores identificam lacunas no mercado de negócios, tendências e necessidades dos clientes que podem ser atendidas com seus produtos ou serviços. Isso envolve pesquisar e analisar o mercado para descobrir oportunidades inexploradas.

Gerenciamento de recursos: os empreendedores devem reunir e gerenciar recursos como capital, recursos humanos, tecnologia e materiais para desenvolverem e operarem seus negócios.

Planejamento de negócios: desenvolver um plano de negócios sólido é essencial para mapear os objetivos, as estratégias, os mercados--alvo, concorrência e projeções financeiras do negócio.

Networking: construir uma rede de contatos, incluindo mentores, investidores, clientes e outros empreendedores, pode fornecer apoio, aconselhamento e oportunidades valiosas.

Ser um empreendedor é, sem dúvida alguma, uma jornada frenética, alucinante e desafiadora, mas gratificante, que tem o potencial de moldar companhias de todos os portes e segmentos, criar empregos e impulsionar mudanças positivas na sociedade num todo.

Adaptabilidade: o ambiente de negócios é dinâmico e os empreendedores precisam ser adaptáveis e abertos para ajustarem suas estratégias com base nas mudanças e no *feedback* do mercado.

Persistência: o empreendedorismo costuma ser desafiador e os contratempos são comuns. Empreendedores de sucesso são persistentes e estão dispostos a aprender com os fracassos.

***Marketing* e vendas:** promover produtos ou serviços de forma eficaz e alcançar clientes em potencial é crucial para o sucesso do negócio. Os empreendedores precisam entender seu público-alvo e criar estratégias de *marketing* atraentes.

Gestão financeira: os empreendedores devem administrar as finanças com sabedoria, incluindo orçamento, geração de receitas, controle de custos e busca de investimento ou financiamento quando necessário.

Escala e crescimento: conforme as empresas alcançam o sucesso, os empreendedores podem ter que considerar estratégias para ampliar as operações, expandir para novos mercados ou diversificar as suas ofertas.

Considerações legais e regulatórias: os empreendedores precisam navegar por vários requisitos legais e regulamentares, incluindo registro de empresas, proteção de propriedade intelectual, impostos e conformidade com regulamentações do setor.

Saiba que o empreendedorismo pode assumir diversas formas, como começar um novo negócio do zero, lançar uma franquia ou assumir um negócio existente. É importante observar que nem todos os empreendedores estão focados apenas no ganho financeiro. Alguns podem ter objetivos sociais ou ambientais em mente, visando criar impactos positivos que vão além da lucratividade.

O empreendedorismo de sucesso requer uma combinação de visão, determinação, adaptabilidade, pensamento estratégico e capacidade de gerir riscos com sabedoria e eficácia.

Cosmetologia

É a área da ciência farmacêutica empenhada em desenvolver, elaborar, produzir e monitorar os efeitos e os resultados de produtos cosméticos. Além disso, é função da cosmetologia realizar pesquisas e análises sobre tais produtos.

A cosmetologia estuda as diferentes formas e possibilidades de ação, aplicação e efeitos dos cosméticos, além de analisar como a matéria-prima e seus componentes, de origem natural ou sintética, podem ser utilizados em tratamentos de beleza que abrangem uma gama de práticas relacionadas ao cuidado e melhoria da aparência de uma pessoa, incluindo o cuidado com as unhas.

C1 - 006 Cosmetologia

(ID:101467398 © Andreaobzerova | Dreamstime.com)

O termo cosmetologia vem do substantivo masculino "cosmético" que, por sua vez, remete-nos à Grécia antiga, à palavra *kosmetés*, que se referia a um escravo doméstico responsável por várias tarefas de higiene e aplicação de cosméticos voltados para o embelezamento e para a preparação de seus donos para eventos, jantares e festas. Dentro de suas funções também estavam incluídas tarefas como penteado, aplicação de maquiagem, cuidados com a pele e outras mais relacionadas à higiene dos seus senhores.

Como falado anteriormente, o campo da cosmetologia abrange várias áreas, entre elas os cuidados com os cabelos, os tratamentos de pele, a aplicação de maquiagem e, é claro, o tratamento e o embelezamento das unhas.

No caso das unhas, o que também se dá em quase todos os ramos da cosmetologia, suas subáreas são:

Manicures: engloba aparar, modelar e polir as unhas das mãos. As manicures também podem oferecer massagens nas mãos e nos pés, aplicar tratamentos de unhas e oferecer serviços mais elaborados e artísticos, que enfeitam e encantam.

Pedicures: semelhantes às manicures, as pedicures executam serviços que incluem cuidar, modelar e polir as unhas dos pés. As pedicures também costumam oferecer massagens nos pés e tratamentos para tratar problemas como calos, descamação e pele áspera.

Extensões de unhas: esses profissionais são treinados na aplicação de aprimoramentos de unhas artificiais, bem como extensões de acrílico, fibra ou gel, objetivando alongar, dar resistência, *glamour* e beleza às unhas naturais.

Unhas artísticas (*nail art*): profissionais de unhas aprimoram suas habilidades criativas e oferecem serviços de *nail art* aos clientes, que envolvem desenhos complexos, padrões e decorações usando várias técnicas e materiais, até mesmo seguindo o desejo do cliente.

Saúde e higiene das unhas: os especialistas em cuidados com as unhas também ensinam seus clientes sobre a manutenção saudável das unhas e a prevenção de problemas comuns, como infecções, fragilidade, descamação, rachaduras e outros.

O cuidado das unhas é um aspecto vital da cosmetologia e os técnicos de unhas desempenham um papel essencial ao ajudar os clientes a obterem unhas bem-cuidadas e esteticamente agradáveis.

Saiba que, além do cuidado com as unhas, as principais áreas da cosmetologia englobam:

Cuidados com os cabelos: incluem cortar, estilizar, colorir e tratar os cabelos. Os cosmetologistas podem trabalhar com uma variedade de tipos e texturas de cabelo e geralmente se mantêm atualizados com as últimas tendências e técnicas da área.

Cuidados com a pele: os especialistas em cuidados com a pele, geralmente chamados de esteticistas, concentram-se em tratar e melhorar a saúde e a aparência da pele. Eles fornecem serviços como tratamentos faciais, análise de pele, esfoliação e depilação.

Maquiagem artística: os maquiadores são profissionais formados e especializados em aplicar maquiagem para melhorar ou transformar a aparência de uma pessoa. Eles trabalham com diversos produtos e técnicas de maquiagem para conseguir os *looks* desejados, em uma grande variedade de fins, como sessões de fotos, casamentos, *shows* e muito mais.

Química cosmética: alguns profissionais da indústria de cosmetologia se concentram no desenvolvimento e na formulação de produtos cosméticos, incluindo maquiagem, cuidados com a pele e produtos para os cabelos. Eles consideram fatores como ingredientes, eficácia, segurança e, é claro, as preferências do consumidor.

Gerenciamento de salões e spas: a cosmetologia também abrange o aspecto comercial, na administração de salões, *spas* e estabelecimentos de beleza. O profissional cosmetologista pode atuar, por exemplo, no gerenciamento e na supervisão de operações no dia a dia do salão de beleza, bem como nos agendamentos, na supervisão de equipes, no estoque, no atendimento ao cliente, no monitoramento de serviços especializados e outros.

O treinamento e a educação em cosmetologia geralmente envolvem a frequência em escolas de beleza ou centros de treinamento em cosmetologia credenciados. Essas escolas fornecem uma combinação de conhecimentos teóricos e treinamento prático para preparar os futuros profissionais para os exames de formatura e certificação.

Você que quer ser um profissional das unhas precisa saber que a cosmetologia é um campo dinâmico e em plena evolução, sendo fortemente influenciado por tendências de beleza em constante mudança, por mudanças culturais e avanços em cuidados com a pele e tecnologia a serviço da beleza.

Muitas vezes, os profissionais desse setor continuam aprendendo ao longo de suas carreiras para se manterem atualizados com novos produtos, novas técnicas e regulamentações, e com você não será diferente. Prepare-se para estar sempre atualizando, pois só assim, além de ser um excelente profissional, você se manterá no topo da profissão e pronto para o que der e vier.

Bem-vindo e parabéns! Você escolheu fazer parte do fantástico mundo da cosmetologia!

A cosmetologia ao longo das eras

A história da cosmetologia é uma fascinante viagem pelo tempo, refletindo mudanças culturais, sociais e tecnológicas na forma como nós, humanos, compreendemos e abordamos a higiene pessoal e as práticas de beleza. Nessa odisseia de invenções e descobrimentos, os pioneiros foram os egípcios, os indianos e os orientais, que desenvolveram cosméticos e práticas semelhantes às que temos hoje. Comecemos, então, resumidamente a nossa viagem.

C1 - 007 Bandeira do Egito

Egito: a cosmetologia tem suas raízes em civilizações antigas. No antigo Egito, por exemplo, eles eram conhecidos por seus elaborados rituais de beleza, e tanto homens como mulheres usavam vários produtos cosméticos, como óleos, pós e perfumes, como artigos de beleza e higiene.

(Photo ID:11531010 © Radist | Dreamstime.com)

C1 - 008 Bandeira da Grécia

Grécia: os antigos gregos também tinham uma forte tradição de higiene e uso de cosméticos, incluindo a utilização de ingredientes naturais, como mel e azeite.

(Photo 33049 © Paul Cowan | Dreamstime.com)

C1 - 009 Bandeira de Roma

Roma: os antigos romanos, assim como os gregos, também tinham forte tradição voltada para a higiene e para a beleza corporal, fazendo uso de vários tipos de cosméticos, incluindo ingredientes naturais como mel, azeite e folhas de plantas.

(Photo 33049 © Paul Cowan | Dreamstime.com)

C1 - 010 Bandeira da China

China: na China, por volta de 3000 a.C., já havia relatos de pintura corporal, mas foi na dinastia Qin (221 a.C. - 206 a.C.) que os homens começaram a prestar mais atenção em sua aparência, focando no uso de enfeites de cabelos e roupas deslumbrantes. Em sequência, na dinastia Han, o pó facial se tornou popular, tanto que foi criada uma lei que dizia que todos os funcionários públicos só podiam trabalhar com pólvora no rosto. E a verdadeira essência do uso de cosméticos na China ocorreu durante a dinastia Zhou, em que toda a população procurou atingir a perfeição estética e a beleza livre de gêneros. Logo surgiram inúmeras variedades, desde o pó fácil de arroz até os esmaltes.

(Photo 44293246 © Rolandm| Dreamstime.com)

Idade Média: durante a Idade Média, na Europa, o uso de cosméticos diminuiu, em parte devido a crenças religiosas que associavam adornos físicos à vaidade. No entanto, os cosméticos ainda desempenhavam um papel importante na vida da realeza e das classes altas.

Renascença: o período da Renascença viu um renascimento do interesse em cosméticos e cuidados pessoais. As mulheres usavam pós à base de chumbo para obter uma tez pálida, o que, infelizmente, era tóxico e causava problemas de saúde.

Século XVIII: no século 18 os cosméticos tornaram-se mais amplamente disponíveis para a população em geral. Quem viveu nessa época viu o surgimento dos salões de cabeleireiro e o uso de perucas e penteados elaborados.

Século XIX: o século 19 testemunhou desenvolvimentos significativos na cosmetologia. Surgiram os primeiros salões de beleza modernos, oferecendo diversos serviços, como cabeleireiro, manicure e tratamento facial. Os avanços na química levaram ao desenvolvimento de produtos cosméticos mais seguros e eficazes.

Início do século XX: a indústria da beleza continuou a crescer no início do século XX. Figuras icônicas, como Helena Rubinstein e Elizabeth Arden, desempenharam papéis fundamentais na popularização de cosméticos e produtos para a pele. A introdução de cosméticos produzidos em massa tornou-os acessíveis a um público mais amplo.

Meados do século XX: a metade do século 20 marcou um período de inovação em cosmetologia, com a introdução de novos produtos, como bases líquidas e tratamentos de coloração de cabelo. A indústria da beleza também começou a abraçar a diversidade, oferecendo produtos para diferentes tons de pele e tipos de cabelo.

Final do século XX: o final do século 20 viu o surgimento de escolas modernas de cosmetologia e programas de treinamento formalizados para esteticistas e cosmetologistas. Órgãos reguladores e requisitos de licenciamento foram estabelecidos para garantir a segurança e o profissionalismo da indústria.

Século XXI: a cosmetologia continuou a evoluir no século 21. Os avanços na tecnologia levaram a inovações em cuidados com a pele, cabelos e procedimentos cosméticos. A indústria da beleza também se tornou mais inclusiva, reconhecendo e atendendo a uma ampla gama de ideais de beleza.

Hoje, a cosmetologia abrange uma diversidade de serviços e produtos, incluindo penteados, aplicação de maquiagem, tratamentos para a pele, cuidados com as unhas e muito mais. É um campo dinâmico, que reflete as mudanças nas normas culturais e os avanços tecnológicos, ao mesmo tempo em que ajuda os indivíduos a aumentarem a sua autoestima e confiança por meio da higiene pessoal e do autocuidado.

ANVISA

Agência Nacional de Vigilância Sanitária

A Anvisa é o órgão governamental brasileiro que regulamenta e estabelece regras para esses estabelecimentos e com isso chama atenção dos consumidores para os riscos de contraírem doenças como dermatoses, micoses e parasitas, ou doenças infectocontagiosas, como hepatite ou até mesmo Aids, ao fazerem uso dos serviços desses estabelecimentos.

Ao contrário do que se pensa, não são só os clientes que ficam expostos a esses riscos. Os profissionais que trabalham nos estabelecimentos, sejam manicures, esteticistas, cabeleireiros e outros, também estão sujeitos.

Segundo a entidade, o Brasil é tido como o terceiro maior mercado do mundo em produtos e serviços de beleza. A alta demanda por serviços de beleza alavanca o mercado e o interesse de muitos de entrarem no ramo, seja como empresários, como profissionais de salões ou mesmo como independentes autônomos. Para onde quer que a gente vá, seja para o norte, sul, leste ou oeste, os salões de beleza fazem parte do dia a dia dos brasileiros e precisam seguir algumas regras para garantir, em primeiro lugar, a saúde e o bem-estar dos clientes e profissionais que atuam na área.

Como forma de padronizar e legalizar os estabelecimentos, a Anvisa criou uma coordenação específica para regular serviços de interesse à saúde, como salões de beleza, clínicas de embelezamento, asilos, entre outros.

A recomendação é que antes de solicitar serviços de um salão, primeiro faça uma visita ao estabelecimento, e para que você saiba o que verificar no salão para saber se é seguro fazer uso dos serviços dispostos, fique atento à lista a seguir e proteja sua saúde.

Regularização

O primeiro passo é verificar se o salão que você frequenta está regularizado junto à Vigilância Sanitária municipal. A vigilância local é responsável pela regularização e pela fiscalização desses estabelecimentos.

Higiene

Para a Anvisa, é fundamental que todos fiquem atentos à higiene desses locais. Verifique a esterilização de todos os materiais em geral, como alicates, tesouras, navalhas e lâminas dos barbeadores.

A Anvisa orientou o uso da autoclave, que é mais eficiente na esterilização do que a estufa, que não elimina os vírus, por exemplo. Na autoclave, a esterilização é feita por vapor sob pressão. Ainda de acordo com as regras da Anvisa, qualquer estabelecimento que presta serviços desse tipo deve:

1. Ter um local reservado e apropriado para a lavagem de materiais em geral de uso.
2. Manter cadeiras e locais de assento revestidos por material impermeável em bom estado de conservação.
3. Utilizar toalhas limpas, sempre lavadas após cada uso.
4. Estar limpo e organizado, com ventilação apropriada e circulação de ar.
5. Realizar a limpeza de escovas, pentes, bobes e qualquer outro acessório após cada uso.

Produtos

Tome muito cuidado com os produtos ofertados nos salões de beleza e centros de estética. Você tem direito de saber quais produtos estão sendo utilizados, se eles são regularizados e se estão dentro do prazo de validade.

Se tiver dúvida, peça para ver o rótulo do produto. Nele você encontra o número do registro ou a notificação na Anvisa, orientações de uso, advertências e data de validade. A cera utilizada em depilações, por exemplo, deve ser descartável e manuseada conforme instruções da embalagem.

No portal da Agência é possível consultar a regularidade dos produtos usados nesses estabelecimentos. Verifique a página de consulta a produtos registrados.

Profissionais

Outra providência importante é saber se o profissional que vai atender você usa os materiais e produtos de forma adequada e se utiliza boas práticas no ambiente de trabalho.

Observe a higiene pessoal e das roupas do profissional. É recomendável usar uniforme de cor clara e calçados fechados, manter as unhas curtas e limpas e evitar o uso de anéis, pulseiras e relógios, que dificultam a higiene.

Verifique também se o profissional higieniza as mãos e os materiais com frequência e de maneira adequada. A higienização das mãos é uma das medidas mais importantes e simples para evitar a disseminação de microrganismos, e pode ser feita com água e sabonete líquido ou com álcool em gel.

Denúncias

Se identificar qualquer irregularidade procure a Vigilância Sanitária do seu município, que é responsável pela fiscalização desses serviços e pela autorização de funcionamento dos salões e centros de estética.

Capítulo 2
Por que e para que aprender sobre anatomia?

O estudo da anatomia do corpo é a forma de conhecer a estrutura-base por detrás das características físicas de tudo que podemos ver externamente em nós mesmos. Tomando o exemplo das unhas, que é o assunto central deste livro, ao olhar para as suas mãos, você verá algumas partes diferentes; por exemplo, as unhas, a pele que recobre os dedos, as marcas que caracterizam as juntas de cada dedo, o pulso, a palma da mão etc. Porém, nada podemos ver do que está sob a pele, embaixo das unhas, nos ossos dos dedos, no punho e outros.

Como profissional de unhas há a necessidade de se estudar anatomia do corpo, que em nosso caso se resume ao estudo voltado para as mãos, onde ficam os dedos, as unhas, o pulso e outras partes que formam a área em que o(a) profissional das unhas exerce a sua função.

Conhecer a fundo a anatomia não só das unhas, mas das mãos, suas partes visíveis e invisíveis, habilita o profissional de unhas a analisar com mais precisão cada solicitação e serviço.

Comumente, no Brasil, ao aprender sobre a anatomia do corpo humano no ensino fundamental e médio, são abordados principalmente os aspectos da anatomia sistêmica. Os sistemas mais abordados incluem: pele, ossos, músculos, sistema nervoso, sistema circulatório, sistema respiratório, sistema digestivo, sistema urinário, sistema endócrino e sistema reprodutor.

Vejamos a seguir um pouco mais sobre cada um desses aspectos:

Estrutura tegumentária: é composta pela derme (pele), que tem a função de isolar o organismo, protegê-lo contra agentes infecciosos e controlar a sua temperatura.

Sistema ósseo (esquelético): composto por ossos e tecido cartilaginoso, proporciona suporte e facilita a mobilidade do organismo.

Sistema musculoesquelético: composto por músculos estriados esqueléticos, responsáveis pela movimentação do corpo.

Sistema neural: é composto pelo cérebro, pela medula espinhal e pelos nervos, colaborando para detectar alterações nos ambientes interno e externo do organismo.

Sistema circulatório: é composto pelo coração e pelos vasos sanguíneos, responsável por transportar substâncias para todas as células do organismo.

Sistema respiratório: o conjunto de órgãos responsáveis pela respiração é composto por cavidade nasal, garganta, laringe, tubo respiratório, vias aéreas, pequenos bronquíolos, sacos alveolares e pulmões, tendo a função de assegurar a oxigenação do organismo e a eliminação do dióxido de carbono.

Sistema digestivo: o conjunto de órgãos responsáveis pela digestão é composto por boca, garganta, tubo digestivo, estômago, intestino delgado, intestino grosso e glândulas auxiliares. Sua principal função é extrair e absorver os nutrientes dos alimentos consumidos.

O sistema excretor: é composto por rins, ureteres, bexiga e uretra, sendo responsável pela remoção de substâncias prejudiciais ao organismo.

O sistema hormonal: é composto por todas as glândulas que produzem hormônios no corpo, sendo responsável pela regulação de diversas funções do nosso organismo.

O sistema reprodutor feminino: consiste em ovários, tubas uterinas, útero, vagina e vulva, enquanto o sistema reprodutor masculino consiste em testículos, epidídimo, ductos deferentes, uretra, pênis e diversas glândulas. O papel desses sistemas é assegurar a reprodução da espécie.

A anatomia das unhas

Como já comentado no início deste capítulo, a anatomia das unhas refere-se à estrutura e à composição das unhas das mãos e dos pés e todos os periféricos que, juntos, compõem-na. Vejamos cada parte da unha e seus periféricos em detalhes:

C2 - 001 A anatomia das unhas

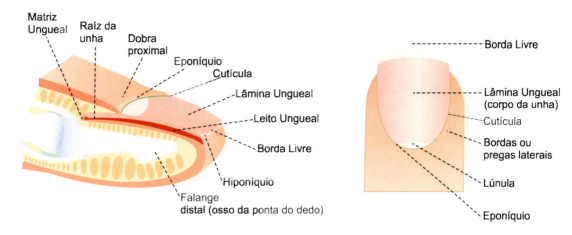

(Illustration 190534977 | Finger Anatomy © Laval95 | Dreamstime.com)

Tecnicamente, a nossa unha é uma estrutura queratinosa localizada nas pontas dos dedos das mãos e dos pés. As unhas têm vários componentes e camadas distintas, que são:

Lâmina ungueal

C2 - 002 Lâmina ungueal

Esta é a parte visível da unha, que se estende sobre todo o leito ungueal e cresce além da ponta do dedo. A lâmina ungueal é composta de células de queratina compactadas, achatadas e endurecidas que, passo a passo, tornam-se a unha como a vemos nos dedos das mãos e dos pés.

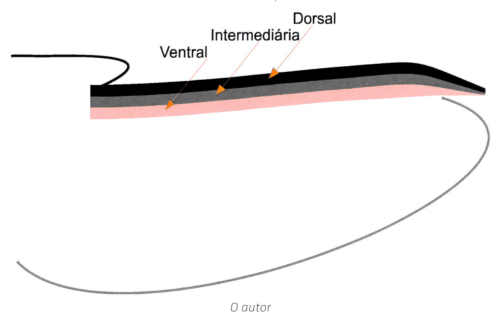

O autor

A ANATOMIA DAS UNHAS

Se, por algum motivo, como trincas, anomalias, fungos etc., o esmalte chegar até a camada ventral e entre em contato com as células vivas, poderá haver alguma reação adversa, principalmente se a pessoa tiver propensão a alguma alergia a solvente.

Camada dorsal: é feita de células desvitalizadas.

Camada intermediária: tem baixa porcentagem de células vivas em meio às desvitalizadas.

Camada ventral (interna, presa ao leito ungueal): constituída apenas de células vivas.

Quando o esmalte é aplicado, normalmente ele adere apenas à camada dorsal, pois o solvente tende a penetrar nessa camada apenas, dada a alta impermeabilidade de sua constituição, não atingindo, assim, as células vivas.

Leito ungueal

Leito ungueal refere-se ao tecido sob a lâmina ungueal, presente nos dedos das mãos e dos pés. É o tecido localizado diretamente embaixo da unha e que se estende desde a base (próximo à cutícula) até a ponta dos dedos das mãos e dos pés.

Durante muitos anos, imaginava-se que o leito ungueal era responsável pela produção de células para a construção das unhas, porém hoje sabemos que a matriz ungueal é que tem essa tarefa e que o leito ungueal é responsável por fixar a lâmina ungueal na superfície do dedo, agindo como base para hidratação e conservação da vida das unhas.

C2 - 003 Leito ungueal

Imagine o leito ungueal com uma esteira rolante, aquelas de aeroporto que levam as malas. Conforme a matriz ungueal produz células e empurra a unha para frente por meio do descarte das células já quase mortas, simultaneamente o leito ungueal se locomove e arrasta com ele a lâmina ungueal, proporcionando o que chamamos de crescimento das unhas.

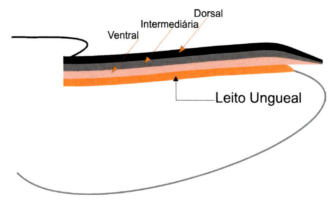

O leito ungueal é responsável por nutrir e apoiar o crescimento da unha. As células na base do leito ungueal (área proximal), conhecidas como matriz ungueal, são responsáveis pela produção de novas células ungueais. À medida que essas células se multiplicam e endurecem, elas formam nossa unha (lâmina ungueal), que vemos na superfície.

O autor

Ter o leito ungueal saudável é importante para a saúde e para a aparência geral das unhas. A circulação sanguínea adequada no leito ungueal é essencial para fornecer nutrientes e oxigênio às células ungueais em crescimento, garantindo que as unhas cresçam fortes e bem formadas. Qualquer lesão ou dano ao leito ungueal pode afetar o crescimento e a aparência das unhas.

Manter uma boa higiene das unhas, protegê-las de traumas e evitar hábitos como roê-las ajuda a manter as unhas saudáveis. Se você notar alguma alteração na cor, na textura ou na aparência de suas unhas ou leito ungueal, é aconselhável consultar um profissional médico, pois isso pode indicar um problema de saúde subjacente.

Lesões ou infecções no leito ungueal podem levar a problemas como descoloração, deformidades ou até perda da unha. Se você tiver dúvidas sobre o leito ungueal ou a saúde das unhas, é aconselhável consultar um dermatologista ou um profissional de saúde com experiência em dermatologia para avaliação e orientação adequadas.

Eponíquio

O eponíquio, também conhecido como dobra proximal ou erroneamente como "cutícula", é uma fina camada de **tecido vivo** que se estende sobre a base da *Lâmina Ungueal* e a prende à pele do dorso do dedo, formando uma parede impermeável e protetora que evita a entrada de parasitas, ajudando a prevenir infecções e protegendo as novas células ungueais em desenvolvimento na matriz ungueal.

C2 - 004 Eponíquio

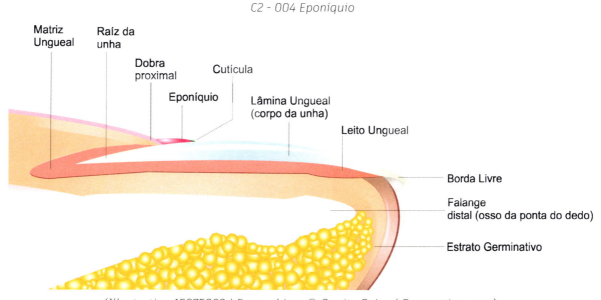

(Illustration 15875093 | Eponychium © Gunita Reine | Dreamstime.com)

A ANATOMIA DAS UNHAS

Surpreende o fato de o eponíquio, sendo um tecido tão fino, seja capaz de produzir tão grande volume de pterígio. A explicação melhor colocada é que o eponíquio seja feito de um tipo especial de célula chamado "célula-tronco adulta". Ainda, deduz-se que o mesmo tipo de célula forme a matriz ungueal, responsável pela produção das células que compõem as unhas.

Reforçando o seu conhecimento, a palavra Eponíquio é formada pela junção de duas palavras gregas: ἐπί (epí) "sobre, em cima de", e ὀνύχιον (onúkhion) "pequena garra". É a estrutura ungueal responsável pela fabricação de células que dão origem ao *Pterígio*, tecido que se adere às unhas das mãos e dos pés e que muitas vezes tem sido confundido com a cutícula.

Com espessura aproximada igual a de um fio de cabelo humano (cerca de 0,1 a 0,15 mm), o eponíquio está localizado na parte inferior da dobra proximal, por dentro da pele, sobre a matriz ungueal. O eponíquio é uma estrutura viva e sensível, enquanto o pterígio que ele produz é um tecido feito de células mortas que, por esse motivo, não é sensível à dor quando manipulado.

Há que se tomar muito cuidado com a remoção do pterígio e da cutícula quando esse procedimento for realizado com uso de aparelhos cortantes e pouco precisos, como alicates de cutícula. Uma técnica mais segura e menos invasiva para remover esses tecidos é conhecida como "manicure com aparelho" e se caracteriza pelo processo de remoção das cutículas por meio de pequenas brocas de precisão, semelhantes às utilizadas na odontologia.

É perfeitamente possível remover o eponíquio, porém, como consequência, o leito ungueal fica desprotegido e suscetível à entrada de parasitas que podem levar a graves infecções e danos muitas vezes irreversíveis.

Como já dito, o eponíquio desempenha um papel crucial na manutenção da saúde e na integridade da unha e do tecido circundante, atuando como uma barreira, impedindo que sujeira, bactérias e outras partículas estranhas entrem na área entre a lâmina ungueal e a pele.

Sem o eponíquio, a matriz ungueal e as delicadas células ungueais em desenvolvimento seriam vulneráveis a danos e infecções por fungos e bactérias.

C2 - 005 Epolníquio

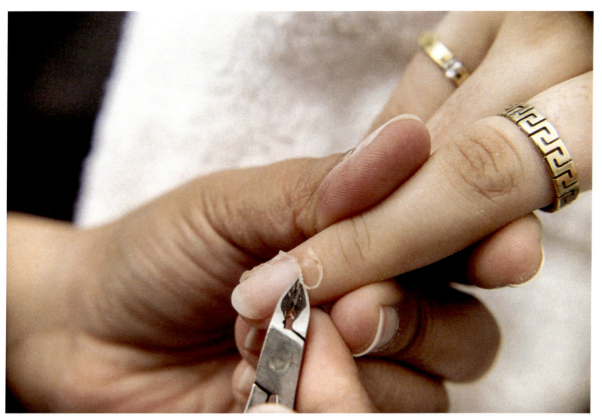

ID: 231900579 | Eponychium © Michael Edwards | Dreamstime.com)

Ao praticar o cuidado das unhas, é importante agir com delicadeza ao redor do eponíquio, buscando evitar danificar ou ferir essa área demasiadamente sensível. Empurrar o eponíquio para trás ou apará-lo de forma agressiva pode causar dor, irritação e até uma infecção no local. Se você deseja manter as unhas com aparência saudável, é recomendável manter o eponíquio limpo, hidratado e suavemente empurrado para trás conforme necessário para revelar a lâmina ungueal de forma saudável.

A higiene adequada das unhas, incluindo lavagem regular, hidratação e evitar tratamentos agressivos ajuda a manter o eponíquio e toda a área da unha em boas condições.

Cutícula

A cutícula é uma finíssima e transparente camada de fuligem de pele morta que se sobrepõe ao eponíquio na base da lâmina ungueal (no "pé" da unha). Como se trata de matéria composta apenas por resquícios de células mortas, a cutícula pode ser removida por completo durante o trabalho da manicure no processo de embelezamento das mãos e dos pés.

C2 - 006 Cutícula

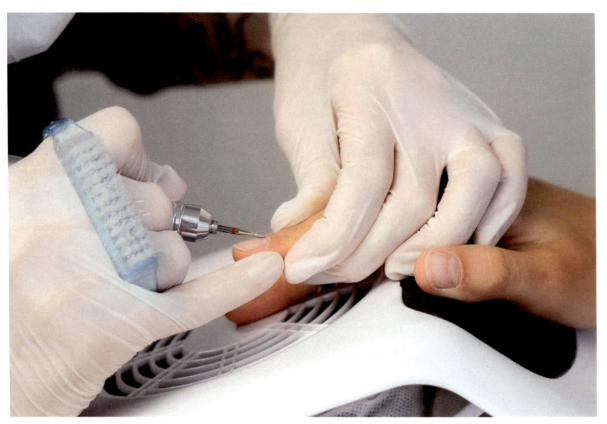

ID: 204816456 | ©Evgeniia Zakharishcheva | Dreamstime.com

Eponíquio não é cutícula

No item anterior falamos sobre o eponíquio, mas por se tratar de algo de grande importância vamos falar um pouco mais apenas para mostrar as diferenças entre o eponíquio e a cutícula.

Primeiramente, o(a) profissional de unhas deve ter em mente que o termo eponíquio se refere especificamente ao **tecido vivo** e mais espesso na base da unha, enquanto o termo cutícula, como já dito anteriormente, refere-se ao tecido morto que se sobrepõe à base da unha (lâmina ungueal) e sobre e em continuação ao eponíquio.

A cutícula é formada por fragmentos do eponíquio que, conforme cresce, forma arestas ou rebarbas finíssimas, que são empurradas para frente pelo organismo conforme a unha vai crescendo.

C2 - 007 Eponíquio não é cutícula

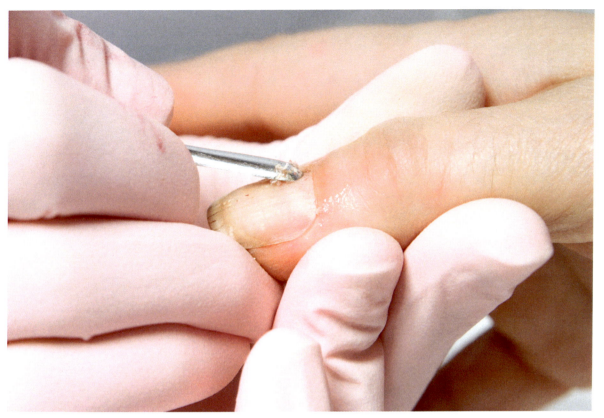

ID: 204816456 | Cuticle © Evgeniia Zakharishcheva | Dreamstime.com)

O Eponíquio também é conhecido como "dobra proximal, prega ou borda da unha". Seu objetivo é lacrar e proteger a área da junção entre unha, pele e matriz ungueal.

Observe na imagem C2 - 007 que a cutícula é muito diferente do eponíquio, sendo fina, cristalina e semitransparente.

Assim, a cutícula pode ser removida facilmente sem dor e sem qualquer risco à saúde das unhas.

Lúnula

A lúnula, também conhecida como "meia-lua", é uma pequena área clara em forma de meia-lua na base das unhas das mãos e dos pés visível na lâmina ungueal. Como você pode notar olhando para suas unhas, a lúnula é mais perceptível nos dedos das mãos, principalmente nos dedos maiores, mas também pode ser vista até certo ponto em outras unhas. A lúnula está localizada logo acima da cutícula e geralmente tem uma cor mais clara em comparação ao resto da unha, devido ao processo de queratinização inicial da unha, que torna essa parte, ainda em formação, um tanto transparente, sendo possível vermos a matriz ungueal.

C2 - 008 Lúnula

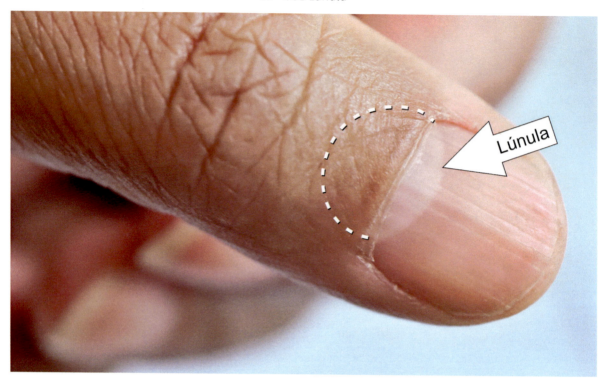

Photo 281822661 © Naowarat Tummanont | Dreamstime.com)

Vale salientar que a lúnula não é uma estrutura separada. Ela é a parte visível da matriz ungueal (vide linha tracejada na imagem), que usualmente tem forma arredondada, como uma lua cheia, e o que vemos, a lúnula, é apenas uma parte da matriz através da lâmina ungueal.

O tamanho e a visibilidade da lúnula variam de pessoa para pessoa e ainda sofrem influência por fatores como genética, formato das unhas e sua saúde geral. Embora a lúnula em si não tenha uma função específica, ela serve como um indicador visual da saúde geral das unhas. Em algumas práticas da medicina tradicional, o aparecimento da lúnula tem sido associado a aspectos de saúde e bem-estar, mas essas alegações ainda não têm bases em estudos científicos.

Matriz ungueal

É a área de formato arredondado sob a cutícula, em que novas células ungueais são produzidas, propiciando o crescimento e o desenvolvimento da unha. Essas células gradualmente endurecem e contribuem para a formação da lâmina ungueal, que é a parte visível e dura da unha.

Se você estiver preocupado com suas unhas ou notar alguma alteração em sua aparência, considere consultar um dermatologista ou um profissional de saúde para avaliação e aconselhamento adequados.

C2 - 009 Matrix ungueal

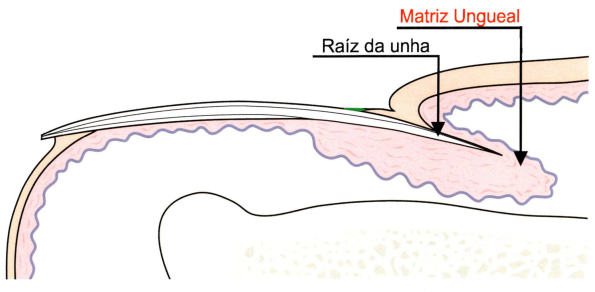

(Illustration 9845516 © Legger | Dreamstime.com)

Principais funções da matriz ungueal:

Crescimento das unhas: a matriz ungueal é responsável pela produção das células queratinizadas que formam a lâmina ungueal, que é a porção visível da unha. Essas células queratinizadas são compactadas firmemente para criar uma cobertura dura e protetora para as pontas dos dedos das mãos e dos pés.

Formato e espessura da unha: a forma e a espessura da Lâmina Ungueal são determinadas pela estrutura da matriz ungueal. A matriz tem formato curvo, o que contribui para a curvatura da unha à medida que ela cresce. Também influencia a espessura e a resistência da unha.

Saúde das unhas: a saúde e a aparência das unhas são diretamente influenciadas pela matriz ungueal. Danos ou lesões na matriz podem causar crescimento irregular das unhas, deformidades ou descoloração da lâmina ungueal.

Regeneração das unhas: a matriz ungueal produz continuamente novas células ungueais, permitindo a regeneração da unha.

Proteção: protegendo o matriz ungueal você está protegendo as unhas, e isso é de grande importância, uma vez que elas têm função protetora, preservando as pontas dos dedos das mãos e dos pés contra lesões e, ainda, fornecendo suporte quando você agarra ou pega objetos.

Em resumo, a matriz ungueal é um componente crucial da anatomia ungueal, responsável pelo crescimento, pelo formato e pela saúde das unhas. Produz continuamente novas células ungueais, garantindo que as unhas possam se regenerar e cumprir as suas funções protetoras.

Ao aparar ou lixar as unhas você está, na verdade, cortando as células mortas mais antigas nas pontas das unhas, enquanto as novas células são empurradas para frente a partir da matriz.

Se você tiver algum problema com as unhas, como alterações nos padrões de crescimento, descoloração ou dor, é aconselhável consultar um dermatologista ou um profissional de saúde com experiência em saúde das unhas para avaliação e orientação adequadas.

Forma e aparência da unha: a forma e a aparência das unhas, incluindo espessura, textura e curvatura, são determinadas pelas atividades da matriz ungueal.

Crescimento das unhas: a taxa de crescimento das unhas é influenciada pela atividade da matriz ungueal. Fatores como fluxo sanguíneo, nutrição e saúde geral podem afetar a taxa de crescimento das unhas.

É importante proteger e cuidar da matriz ungueal para promover o crescimento saudável das unhas. Lesões ou traumas nessa área podem levar a anormalidades nas unhas ou padrões de crescimento irregulares. Por exemplo, uma lesão grave pode resultar em uma deformidade permanente.

Dobras ungueais

Sabemos, então, que a unha está presa ao dedo, mais especificamente na área da falange distal (a ponta do dedo), que, por sua vez, com exceção da parte de cima, está presa a componentes diferentes, ou seja, a unha só permanece grudada ao dedo porque está ligada a ele por quatro componentes distintos. O leito ungueal (sob a unha), o epôniquio na dobra proximal (pé da unha), as dobras laterais (aquela parte mais durinha nas laterais da unha e que a manicure normalmente remove) e o hipôniquio, que fica embaixo da borda livre da unha (embaixo da unha na ponta do dedo).

C2 - 010 Dobras ungueais

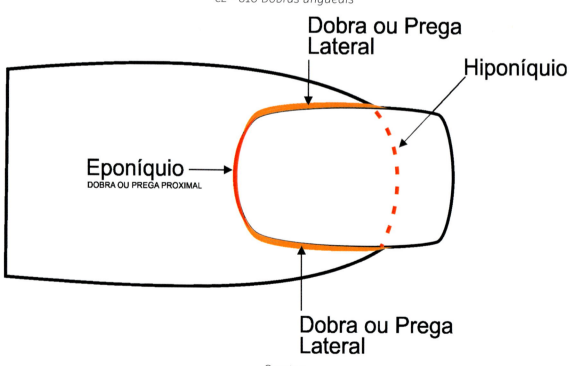

O autor

Sabendo disso, notemos que as dobras ungueais, também conhecidas como perioníquio, referem-se ao tecido que envolve as laterais das unhas das mãos e dos pés e consiste na pele e nos tecidos levemente rígidos que ficam ao lado da lâmina ungueal.

A dobra ungueal tem várias funções e é formada por componentes importantes:

Eponíquio: é a dobra de pele que se sobrepõe à base da lâmina ungueal, protegendo a matriz ungueal e a área onde novas células ungueais são formadas. Ele atua como uma barreira, impedindo que sujeira, bactérias e outros detritos entrem na área sob a unha.

Dobras (ou pregas) laterais da unha: são as dobras da pele nas laterais da unha. Elas ajudam a fornecer suporte e proteção para os lados da lâmina ungueal.

Hiponíquio: embora não faça parte da prega ungueal propriamente dita, o Hiponíquio é a área da pele localizada embaixo da borda livre da unha (na ponta do dedo). Ele fornece uma barreira protetora entre a unha e o tecido subjacente. *Confira na imagem C2 - 004.*

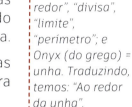

Perionyx *– Peri (do latim) = "borda", "ao redor", "divisa", "limite", "perímetro"; e Onyx (do grego) = unha. Traduzindo, temos: "Ao redor da unha".*

Cuidar das dobras ungueais é importante para manter a saúde geral das unhas e prevenir problemas como infecções e unhas encravadas.

Se você sentir vermelhidão, inchaço, dor ou sinais de infecção ao redor da dobra ungueal, é aconselhável consultar um dermatologista ou um profissional de saúde para avaliação e tratamento adequados.

Hiponíquio

O hiponíquio é a área da pele localizada embaixo da borda livre da unha (embaixo da unha, na ponta dos dedos), especificamente na junção onde a lâmina ungueal encontra a ponta do dedo da mão ou do pé. É uma fina camada de tecido que serve para proteger a área sensível sob a unha e atua como uma barreira entre a unha e o tecido subjacente.

O hiponíquio é uma parte crucial do sistema ungueal e desempenha várias funções essenciais:

Proteção: o hiponíquio protege o tecido subjacente de possíveis lesões e evita que sujeira, germes e outros detritos entrem pela parte debaixo da unha.

Vedação: forma uma vedação protetora na borda livre da unha, ajudando a prevenir infecções e problemas.

Suporte: o hiponíquio fornece suporte estrutural para o crescimento da unha e ajuda a manter a unha no lugar.

Cuidar adequadamente do hiponíquio é importante para evitar problemas como infecções ou unhas encravadas. Manter a área limpa e evitar manipulação excessiva ou corte do hiponíquio pode contribuir para a saúde geral das unhas. Se você sentir vermelhidão, inchaço, dor ou sinais de infecção na área do hiponíquio, recomendo consultar um dermatologista ou um profissional de saúde para avaliação e tratamento adequados.

Raiz

A raiz da unha é a sua extremidade proximal que está incrustada na pele; ou seja, ela está localizada abaixo da cutícula e não pode ser vista a olho nu.

Embora já tenhamos muita informação publicada a respeito desse assunto, o termo "raiz da unha" ainda é frequentemente usado de forma coloquial referindo-se à matriz ungueal, porém, como profissional de unhas, devemos conhecer para diferenciá-las

Só para reforçar: guarde sempre na mente que a matriz ungueal é o termo anatômico correto para o tecido localizado embaixo da base da unha, próximo à cutícula. É responsável pela produção das células queratinizadas que formam a lâmina ungueal.

C2 - 011 Raíz da unha

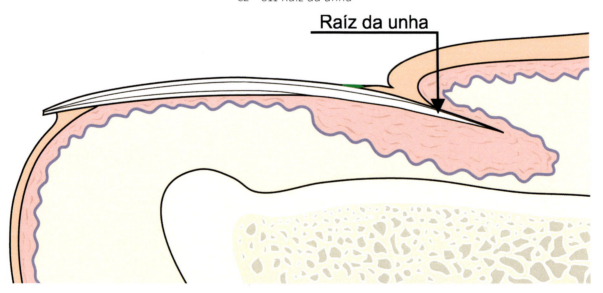

(Illustration 9845516 © Legger | Dreamstime.com)

Já a raiz da unha se refere à unha em si em sua fase inicial de formação junto à matriz ungueal.

Observe na figura C2-011 que a raiz da unha é a própria unha, porém ainda entranhada na carne, ou seja, ainda não está exposta.

Borda livre

Refere-se à parte da unha que se estende além da ponta dos dedos das mãos e dos pés. Trata-se da parte visível da unha, que podemos ver e tocar. A borda livre é a parte que normalmente é aparada e modelada durante o cuidado e a limpeza das unhas.

A manutenção adequada da borda livre, como aparar e lixar regularmente, ajuda a manter a boa aparência das unhas e evita que elas se tornem excessivamente longas e propensas à quebra.

O processo de crescimento das unhas

O crescimento das unhas é um processo complexo e contínuo que envolve a proliferação de células na matriz ungueal, um tecido especial localizado abaixo da cutícula na base da unha. Explicando de modo detalhado, o processo de crescimento da unha se dá da seguinte forma:

Matriz ungueal: o processo de crescimento da unha começa na matriz da unha que, como já falado anteriormente, é a área arredondada localizada logo abaixo da cutícula. A matriz ungueal é uma região altamente ativa, em que novas células ungueais são produzidas. Essas células são ricas em queratina, uma proteína dura, semitransparente e fibrosa.

Divisão celular: na matriz ungueal, as células sofrem rápida divisão e multiplicação, e à medida que novas células são produzidas, elas empurram as células mais velhas na direção da ponta do dedo. Esse processo é semelhante ao modo como novas células da pele são produzidas na camada epidérmica: a pele vai escamando e se soltando, enquanto outras novas células tomam o seu lugar num processo ininterrupto e constante.

Crescimento da placa ungueal:

- Movimento: à medida que novas células são produzidas na matriz ungueal, as células mais antigas são empurradas para frente. Esse movimento faz com que a unha cresça para fora da base do leito ungueal.

- Leito ungueal: o leito ungueal é a pele abaixo da lâmina ungueal, que fornece nutrientes e suporte para o crescimento das unhas.

Queratinização: conforme as células da unha avançam em direção à falange distal (ponta do dedo), elas passam por um processo chamado queratinização. Durante esse processo, as células ficam cheias de queratina, uma proteína altamente rígida e durável.

Formação da lâmina ungueal: conforme o processo se desenrola, as células que sofreram queratinização continuam a avançar, fazendo com que as células se alonguem, achatem e endureçam, formando a lâmina ungueal (a unha), que podemos ver e tocar na ponta dos dedos das mãos e dos pés. Em resumo, a lâmina ungueal (a nossa unha) é composta por camadas dessas células endurecidas.

Eponíquio e vedação: à medida que o processo de crescimento da unha acontece, também se forma e se renova o eponíquio, uma fina camada de células mortas e vivas da pele, que cria um tipo peculiar de vedação protetora na base da lâmina ungueal. Esse componente ajuda a proteger as células ungueais recém-formadas e a matriz ungueal de elementos externos e possíveis infecções.

C2 - 012 Crescimento da placa ungueal

Taxa de crescimento das unhas: a taxa de crescimento das unhas pode variar de pessoa para pessoa e é influenciada por fatores como genética, idade, saúde e nutrição. Em média, as unhas das mãos crescem cerca de 3 milímetros (mm) por mês ou 4 cm por ano, enquanto as unhas dos pés crescem um pouco mais devagar, cerca de 1 mm por mês em média.

CRESCIMENTO MÉDIO ANUAL DAS UNHAS DAS MÃOS

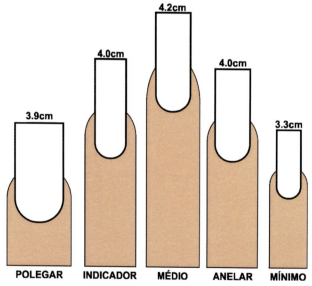

Estudos recentes mostraram que as unhas crescem mais lentamente durante a noite e no inverno, que a unha de cada dedo cresce numa velocidade diferente e que as unhas dos pés crescem bem mais devagar do que as unhas das mãos.

O autor

Para se ter uma ideia, leva-se de cinco a seis meses para que as unhas dos pés mudem completamente pelo crescimento e corte. Os estudos ainda mostraram que as unhas da mão dominante crescem mais rápido, e que a unha do dedo médio (o dedo do meio) é a que cresce mais rápido, seguido pelo dedo indicador. Descobriu-se também que a unha de crescimento mais lenta é a do dedinho (o dedo mindinho), acima do mindinho vêm as unhas do polegar, a segunda com crescimento mais lento.

Ainda falando das taxas de crescimento das unhas, os estudos citados apontaram que em mulheres gestantes as unhas seguem uma escala ascendente de crescimento conforme vão passando os meses de gravidez, chegando ao pico de 20% na velocidade do crescimento no último mês de gestação, caindo drasticamente e normalizando após o parto.

As unhas dos homens crescem mais rápido do que as unhas das mulheres, principalmente, e ainda mais, as unhas da mão dominante.

A idade é um fator que também influencia no crescimento das unhas, acelerando o crescimento entre 10 e 14 anos e gradativamente diminuindo o ritmo de crescimento a partir dos 20 anos de idade.

O crescimento das unhas pode ser influenciado por fatores como nutrição, circulação sanguínea, alterações hormonais e saúde geral. Por exemplo, as unhas tendem a crescer mais rapidamente em climas mais quentes.

Comprimento e corte das unhas: conforme a lâmina ungueal continua a crescer, ela se estende além da ponta dos dedos das mãos ou dos pés. Essa parte visível da unha é conhecida como borda livre (**livre** por não estar mais fixada sobre o leito ungueal, uma vez que já cresceu além do comprimento do dedo). Com o tempo, a borda livre fica muito longa e necessita ser aparada para manter o comprimento desejado, manter a estética e até mesmo a sua saúde.

Descamação e renovação: as células no final da lâmina ungueal acabam ficando compactadas e secas. Essas células mais velhas são empurradas para além da borda livre e eventualmente são eliminadas. Essa queda é uma parte normal do processo de crescimento da unha e permite a renovação da lâmina ungueal.

Ao compreender o intrincado processo de crescimento das unhas, você pode apreciar e valorizar melhor a importância do cuidado e da higiene adequados das unhas para mantê-las saudáveis, fortes e nutridas.

Formatos de unhas naturais

O formato das nossas unhas não é obra do mero acaso como se pensava. Na verdade, estudos mostraram que o formato da matriz ungueal é que determina o formato da unha, salvo quando o formato de uma ou mais unhas das mãos ou dos pés é resultado de danos causados no próprio dedo ou na unha em si, como pancada, corte e outros.

C2 - 013 Formatos de unhas naturais

Quando as unhas são naturais e sem danos, o formato da matriz é que determina o formato da unha daquele dedo. Um exemplo seria aquela pessoa que tem unhas estreitas e afinadas. Isso ocorre porque a matriz ungueal tem formato elíptico, apontando para frente; outro exemplo seria o polegar, cuja Matriz quase sempre tem formato próximo ao quadrado, por isso a unha sempre é mais larga do que as dos demais dedos.

(ID 202960790 © Ivdesign87 |Dreamstime.com)

Espessura da unha natural

A espessura das unhas varia dependendo do tamanho da unha e da espessura da matriz. Assim, a largura e a espessura da lâmina ungueal são determinadas pelo tamanho, pelo comprimento e pela espessura da matriz, tendo como espessura média de 0,5 e 0,75 milímetros para unhas naturais saudáveis.

A anomalia que causa o afinamento severo das unhas está relacionada a uma variedade de fatores, que incluem:

Genética: a espessura e a qualidade das suas unhas podem ser influenciadas pela sua composição genética, e isso ocorre com cada indivíduo. Se os membros da sua família também têm unhas finas, é possível que a genética espelhou em todos o mesmo comportamento do organismo.

Deficiências dietéticas: a falta de certos nutrientes em sua dieta, como biotina, vitamina E, ferro e zinco, pode afetar a saúde das unhas e causar unhas finas.

Envelhecimento: à medida que envelhecemos, a taxa de crescimento das unhas diminui e elas se tornam mais finas e mais fracas.

Superexposição à água: a exposição frequente e prolongada à água, especialmente à água quente, enfraquece as unhas e torna-as mais propensas ao afinamento.

Cuidados com as unhas: usar produtos agressivos para as unhas, lixar excessivamente e empurrar as cutículas agressivamente pode danificar a estrutura das unhas e deixá-las mais finas.

Condições médicas: certas condições médicas, como distúrbios da tireoide, psoríase, anemia e infecções fúngicas afetam a saúde das unhas, deixando-as finas e quebradiças.

Exposição a produtos químicos: a exposição repetida a produtos químicos encontrados em produtos de limpeza, detergentes e removedores de esmalte acaba enfraquecendo as unhas com o tempo.

Alterações na saúde: mudanças significativas na sua saúde em geral, como fazer quimioterapia ou desequilíbrios hormonais podem afetar o crescimento e a qualidade das unhas.

Esmaltes e acrílicos: o uso frequente de esmaltes e unhas acrílicas, especialmente se não forem devidamente cuidados e removidos, pode enfraquecer e afinar as unhas naturais.

Hábitos de estilo de vida: hábitos inadequados no cuidado das unhas, como não hidratá-las, assim como as cutículas, contribuem para afiná-las.

Caso esteja preocupado(a) com a espessura de suas unhas, o ideal seria consultar um dermatologista ou um profissional de saúde. Eles podem ajudar a identificar quaisquer problemas de saúde subjacentes e dar recomendações para melhorar a saúde das unhas e sugerirem tratamentos ou suplementos apropriados, se necessário.

A pessoa com problemas nas unhas podem, por exemplo, adotar práticas saudáveis, como mantê-las hidratadas, evitar produtos químicos agressivos e manter uma dieta balanceada. Essas ações contribuem para unhas mais fortes e saudáveis.

No Brasil, a causa mais frequente de anormalidades nas unhas é atribuída ao uso ininterrupto de esmalte ou outro revestimento decorativo químico que as cubra totalmente. Saiba que pintar as unhas e mantê-las pintadas por períodos maiores que sete dias faz com que elas descamem e fiquem ressecadas, esbranquiçadas e quebradiças. Ao perceber qualquer uma dessas anomalias, é recomendável manter as unhas sem esmalte por pelo menos três dias consecutivos. Nesse meio tempo, hidrate suas unhas e cutículas com produtos à base de óleos vegetais.

Do ponto de vista da medicina e setores da saúde, a cutícula serve como proteção essencial contra fungos, infecções e bactérias e não deveria jamais ser retirada.

Existe uma infinidade de tipos e marcas de óleos hidratantes para unhas no mercado. Segue uma lista dos mais conhecidos:

- Óleo de cravo.
- Óleo de banana.
- Óleo de semente de uva.
- Óleo de abacate.
- Glicerina vegetal.
- Manteiga de karité.
- Óleo essência de alecrim.
- Resina de alecrim.

Além do ressecamento que o uso prolongado de esmalte causa, as unhas também ficam frágeis e vulneráveis a infecções por fungos e bactérias.

Retirada excessiva de cutícula também predispõe as unhas a infecções e pode causar deformidades.

A acetona se tornou muito conhecida por retirar o esmalte de forma muito mais rápida que outros produtos que até então eram usados. Porém sua ação rápida e eficiente se deriva por ter uma composição mais agressiva, que inclui reagente químico de alto poder em sua fórmula, bem parecido com o thinner usado como solvente para tintas sintéticas. Como resultado, o produto age rápido, mas danifica as camadas protetoras das unhas, alterando drasticamente a sua estrutura.

Reações alérgicas

Antes de falarmos da alergia a esmaltes propriamente dita, devemos entender, ainda que de forma geral, do que se trata e como e por que acontece uma reação alérgica.

O que é alergia?

Etimologicamente, alergia é uma palavra composta derivada dos termos gregos *allos*, que significa "outro", e *ergia*, que quer dizer "ação" ou "efeito". Em resumo, a alergia é uma "ação diferenciada" do sistema imunológico, pela qual o organismo identifica um agente estranho em contato com nosso corpo, interpretando-o como uma grande ameaça, causando, assim, uma reação desproporcional. A essa resposta exagerada dá-se o nome de hipersensibilidade.

O que é uma reação alérgica

Uma reação alérgica ou de hipersensibilidade é uma resposta imunológica exagerada, aumentada e adversa, que ocorre após a exposição a um antígeno específico (uma substância até então estranha ao nosso corpo) em indivíduos sensíveis e geneticamente predispostos.

As reações alérgicas geralmente acontecem quando o sistema imunológico reage a uma substância que na maioria das vezes é inofensiva (alérgeno), como se fosse uma ameaça. Aqui está uma sequência geral e simplificada de eventos que ocorrem durante uma reação alérgica:

Exposição ao alérgeno: você entra em contato com um alérgeno, que pode ser qualquer coisa, como pólen, pelos de animais de estimação, poeira, certos alimentos, medicamentos, inseticidas, látex e outros.

Identificação pelo sistema imunológico: seu sistema imunológico identifica essa substância como prejudicial, ainda que não seja. Essa interpretação envolve a produção de anticorpos específicos, bem como o *anticorpos IgE*, que são direcionados contra o alérgeno.

> *As alergias estão relacionadas aos anticorpos IgE. Sorologia é o termo utilizado para descrever os testes que detectam a presença de específicos anticorpos em nosso sangue. Os exames sorológicos mais comuns são conhecidos como IgG (imunoglobulina G) e IgM (imunoglobulina M). Em outras palavras, um resultado positivo para IgM indica que a pessoa tem anticorpos de imunoglobulina M, sugerindo que ela foi exposta recentemente e está na fase aguda da doença, com o microrganismo possivelmente circulando em seu organismo naquele momento. Já um resultado positivo para IgG significa que a pessoa está na fase crônica ou de recuperação da doença, ou, ainda, que já teve contato com a doença em algum momento da vida. Para algumas doenças, esses anticorpos podem oferecer proteção em caso de novo contato com o microrganismo.*

Liberação de produtos químicos: após a exposição subsequente ao alérgeno, os anticorpos IgE sinalizam às células do sistema imunológico (mastócitos e basófilos) para liberar produtos químicos, como histamina, leucotrienos e citocinas.

Resposta inflamatória: esses produtos químicos desencadeiam uma resposta inflamatória no corpo, que leva aos sintomas de uma reação alérgica. Os sintomas podem variar muito, dependendo do tipo de alérgeno e da sensibilidade da pessoa, mas os sintomas comuns incluem coceira, inchaço, urticária, congestão nasal, espirros, tosse, respiração ofegante, distúrbios gastrointestinais e, em casos graves, anafilaxia.

Início dos sintomas: os sintomas podem começar dentro de segundos a horas após a exposição ao alérgeno, dependendo do tipo de reação alérgica (imediata ou retardada).

É importante observar que as reações alérgicas variam de leves a graves. As reações leves podem causar apenas sintomas localizados (como coceira ou erupção na pele), enquanto as reações graves (anafilaxia) podem ser fatais e exigir atenção médica imediata.

Alergia a esmaltes

As reações alérgicas aos componentes do esmalte são bastante comuns. Isso ocorre porque os esmaltes, de forma geral, contêm uma variedade de ingredientes que podem causar uma resposta alérgica em algumas pessoas. Alguns dos alérgenos mais comuns encontrados em esmaltes são:

Formaldeído: usado como endurecedor e conservante de unhas, o formaldeído é um alérgeno bem conhecido que pode causar irritação na pele e reações alérgicas. O formaldeído, conhecido popularmente como formol, é um gás à temperatura ambiente, incolor, estável, inflamável e de odor característico e sufocante.

Tolueno: esse solvente ajuda o esmalte a deslizar suavemente sobre a unha, mas também pode causar irritação na pele e reações ainda mais graves em indivíduos sensíveis. O tolueno é um líquido incolor com odor aromático, que em sua fórmula pura comercial pode conter benzeno, o mesmo produto que se encontra na gasolina.

Dibutilftalato: esse componente é usado para tornar o esmalte flexível e menos propenso a lascar. Tem sido associado a reações alérgicas e outros problemas de saúde. O uso do dibutilftalato em cosméticos, incluindo esmaltes de unha, foi banido na União Europeia sob a Directiva n.º 76/768/EEC 1976.

Cânfora: é obtida por meio da destilação e da vaporização de folhas e ramos de árvores do gênero *Cinnamomum Camphora*. É largamente usada em produtos medicinais e está presente na vida de quase todas as pessoas no mundo todo. Um exemplo é a pomada Minâncora®, indicada para uma série de problemas, como antisséptico, adstringente, cicatrizante, combate a espinhas, frieiras, escaras, picadas de insetos, urticárias e pequenos ferimentos, além de prevenir odores desagradáveis nas axilas e nos pés e o ressecamento da pele.

No caso da indústria de produtos de beleza, a Cânfora é usada para dar brilho ao esmalte, mas pode causar irritação na pele e reações alérgicas em algumas pessoas.

Resinas e acrilatos: como a resina e o acrílico são produtos químicos de grande resistência e durabilidade, esses compostos são usados para criar um acabamento durável e brilhante no esmalte. Apesar dos benefícios, alguns indivíduos podem desenvolver alergias a resinas ou acrilatos específicos.

Corantes: certos corantes ou pigmentos usados em esmaltes também podem desencadear reações alérgicas em alguns indivíduos.

Se você suspeita que tem alergia aos componentes do esmalte, é recomendado que pare de usar a marca ou o tipo que você acredita estar causando a reação alérgica, e caso a reação seja grave ou persistente, consulte um dermatologista para um diagnóstico preciso e tratamento adequado.

Uma medida útil é verificar os rótulos dos esmaltes para saber se eles estão livres dos alérgenos mais comuns e de produtos químicos prejudiciais.

Como medida de segurança, evite frequentar salões que façam uso de produtos químicos agressivos. Se desejar ou for mais conveniente, pergunte, antes da aplicação do esmalte, sobre os produtos para unhas que eles usam e, então, escolha aqueles com menor possibilidade de causar alergias.

Optar por produtos alternativos, bem como esmaltes à base de água é uma boa alternativa. Eles estão disponíveis, cada vez mais presentes nas grandes lojas do ramo e têm menos chances de causar reações alérgicas.

Consulte sempre um profissional de saúde para aconselhamento personalizado se suspeitar que está tendo uma reação alérgica a esmalte ou qualquer outro produto cosmético, pois embora tenha sido pouco divulgada, é cada vez mais comum a ocorrência de alergia aos componentes do esmalte no Brasil.

Capítulo 3
Anomalias e doenças ungueais

As unhas têm um papel importante na nossa vida, desde nos ajudar com pequenas tarefas como apanhar pequenos objetos, dar resistência à falange distal, e, é claro, ser um item de beleza e glamour, n o caso das mulheres principalmente. Mas infelizmente nem tudo é belo! Às vezes problemas aparecem e afetam as unhas: as doenças ungueais, também conhecidas como Onicopatias ou Onicomicose, que se referem a diversas condições que afetam não só as unhas, mas toda a estrutura ungueal.

Como já sabemos, as unhas são compostas por uma proteína chamada queratina e são uma parte importante do corpo humano. Elas protegem e dão firmeza às pontas dos dedos e melhoram a destreza das mãos, além de ajudar no controle e no equilíbrio dos pés.

As doenças ungueais podem ser oriundas de várias causas, incluindo infecções, traumas, condições médicas subjacentes ou fatores genéticos. Algumas doenças e distúrbios comuns das unhas incluem:

Infecções fúngicas nas unhas (Onicomicose)

Essa é uma das doenças ungueais mais comuns que existe. As infecções fúngicas causam descoloração, espessamento e fragilidade das unhas, e geralmente ocorrem com mais frequência nas unhas dos pés.

C3 - 001 Infecções fúngicas

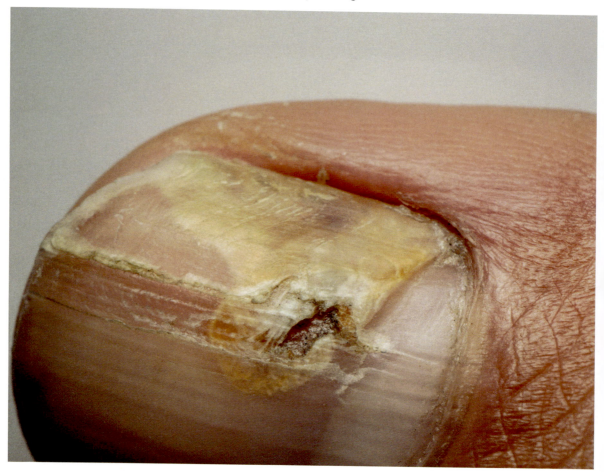

(ID:173582917 ©Tatiana Terekhina | Dreamstime.com)

Enfermidades como infecções fúngicas são normalmente causadas por vários tipos de fungos, incluindo dermatófitos, leveduras e bolores. As infecções fúngicas das unhas podem acometer as unhas dos pés e das mãos, mas, como já dito, são bem mais comuns nas unhas dos pés.

Aqui estão alguns pontos que ajudam a detectar infecções fúngicas nas unhas:

Sintomas característicos:

Espessamento: as unhas afetadas podem ficar mais espessas (grossas) e quebradiças.

Descoloração: as unhas podem ficar amarelas, brancas, marrons ou pretas.

Distorção: o formato das unhas pode ficar distorcido.

Desintegração: as unhas podem começar a desmoronar ou quebrar.

Separação: a unha pode se separar do leito ungueal (onicólise).

Dor: em alguns casos, infecções fúngicas nas unhas podem causar dor e/ou desconforto, especialmente quando as unhas ficam muito espessas.

Causas frequentes

As infecções fúngicas das unhas são normalmente causadas pela exposição a esporos de fungos, que podem entrar na unha através de pequenas rachaduras ou lesões na lâmina ungueal.

Fatores de risco comuns incluem:

Ambientes quentes e úmidos: os fungos prosperam em condições quentes e úmidas, tornando chuveiros públicos, piscinas e sapatos suados ambientes ideais para proliferação e consequentes infecções.

Trauma nas unhas: qualquer tipo de lesão nas unhas pode criar um ponto de entrada para fungos e bactérias.

Sistema imunológico enfraquecido: indivíduos com sistema imunológico enfraquecido são mais suscetíveis a infecções fúngicas.

Idade: as infecções fúngicas das unhas são mais comuns em adultos acima da meia-idade e pessoas com diabetes.

Tratamento

O tratamento de infecções fúngicas nas unhas pode ser desafiador e muitas vezes requer paciência e consistência. As opções de tratamento incluem:

Antifúngicos tópicos: cremes, pomadas ou esmaltes antifúngicos vendidos sem prescrição médica ou prescritos são aplicados diretamente nas unhas infectadas. Esses tratamentos podem precisar ser usados por vários meses para se ver os resultados.

Antifúngicos orais: em casos mais graves, o médico pode prescrever medicamentos antifúngicos orais, como Terbinafina ou Itraconazol. Esses medicamentos são normalmente tomados de várias semanas a meses e podem ter efeitos colaterais potenciais.

Avulsão ou desbridamento (remoção) da unha: em certos casos pode ser necessária a remoção por completo de uma ou mais unhas das mãos ou dos pés. Nesse caso, um profissional de saúde remove a(s) unha(s) infectada(s) para tornar possível a eliminação de algumas das áreas afetadas sob ela(s), permitindo que os tratamentos tópicos penetrem no tecido e produzam o efeito esperado.

Vale lembrar que um dos caminhos tomados por fungos e bactérias para acessar o interior do leito ungueal e consequentemente comprometer toda a estrutura das unhas é pela abertura causada pela remoção do eponíquio, que é a barreira natural que veda e protege a região proximal. É de primordial importância levar em conta o fator saúde antes de qualquer outra coisa.

Cuide bem da sua saúde. NUNCA faça uso de medicamentos sem a devida prescrição médica.

Terapia a laser: algumas clínicas oferecem terapia a laser para tratar infecções fúngicas nas unhas, embora a eficácia de tais tratamentos ainda esteja sendo estudada e melhorada.

Medidas preventivas: para prevenir infecções fúngicas nas unhas é essencial mantê-las limpas, secas e aparadas. Evite compartilhar cortadores de unhas e outros itens de higiene pessoal. Escolha calçados respiráveis e pratique uma boa higiene diária nas mãos e pés.

Mudanças no estilo de vida: caso vá visitar seu médico buscando saber mais sobre um suposto problema em suas unhas não se esqueça de falar sobre os fatores de risco subjacentes, como o controle do diabetes ou a melhoria da saúde do sistema imunológico. Indague o seu médico.

Não tente se automedicar. Caso suspeite que foi acometido por uma infecção fúngica, é essencial consultar um médico, sendo o ideal um dermatologista. Ele pode fornecer um diagnóstico adequado e recomendar o plano de tratamento mais conveniente com base no diagnóstico preliminar. Lembre-se de que o diagnóstico e o tratamento precoces são muito importantes para evitar que a infecção se espalhe ou se torne crônica e, assim, mais difícil de ser tratada.

Onicocriptose (unhas encravadas)

Trata-se de uma condição comum em que a borda da unha, geralmente do dedão do pé, cresce rasgando a pele ao invés de se desenvolver sobre ela. Essa condição pode causar dor, vermelhidão, inchaço e, em alguns casos, pode levar à infecção, já que chega a cortar o tecido. Aqui estão algumas etapas que você pode seguir para resolver em casa mesmo uma unha encravada:

Mergulhe o pé: mergulhe o pé afetado em água morna com sabão por cerca de quinze a vinte minutos, algumas vezes ao dia. Isso pode ajudar a suavizar a pele e as unhas, facilitando o manejo.

Levante suavemente a unha: após a imersão, use uma ferramenta limpa e desinfetada (como uma pinça esterilizada ou um palito de fio dental) para levantar suavemente a borda encravada da unha. Tenha muito cuidado para não danificar a pele ao redor.

Insira um pequeno pedaço de algodão: depois de levantar a unha, você pode colocar um pequeno pedaço de algodão ou um pedaço de fio dental sob a borda levantada. Isso pode ajudar a unha a crescer acima da pele, em vez de dentro dela.

Aplicar pomada antibiótica: aplique uma pomada antibiótica de venda livre na área afetada para reduzir o risco de infecção.

Use calçados adequados: certifique-se de usar sapatos confortáveis que forneçam espaço suficiente para os dedos dos pés se moverem livremente. Evite sapatos apertados.

C3 - 002 Onicocriptose

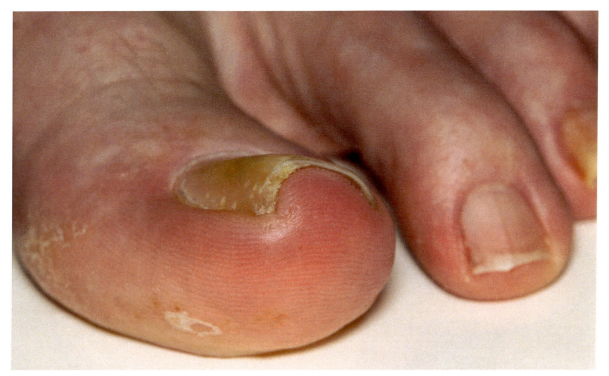

(ID:230368470 ©Brett Hondow | Dreamstime.com)

Apare as unhas com cuidado: corte as unhas em linha reta e evite arredondar os cantos. Manter as unhas com comprimento moderado pode ajudar a prevenir unhas encravadas. Se preferir, use a ponta do dedo como limitador para a aparagem da unha, assim ela não mais penetrará no tecido do dedo, uma vez que já ultrapassou esse ponto.

Alívio da dor: analgésicos de venda livre, como Ibuprofeno ou Paracetamol, ajudam a controlar a dor e reduzir a inflamação.

Se a unha encravada infeccionar ou se você sentir dor forte é essencial procurar atendimento médico. Um profissional da área, normalmente um podólogo ou dermatologista, fornece atendimento qualificado e apropriado.

Remoção das unhas: em casos graves ou se a unha encravada persistir, o médico poderá precisar remover parte dela ou a unha inteira. Mas não se preocupe, esse procedimento geralmente é feito sob anestesia local.

Cuidado! Tentar remover uma unha encravada por conta própria pode levar a graves complicações. O melhor a fazer é consultar um profissional de saúde para avaliação e tratamento adequados.

Psoríase

A psoríase é uma doença crônica de pele autoimune caracterizada pelo rápido acúmulo de células da pele, levando à formação de manchas ou placas espessas, escamosas e frequentemente com coceira.

C3 - 003 Psoríase

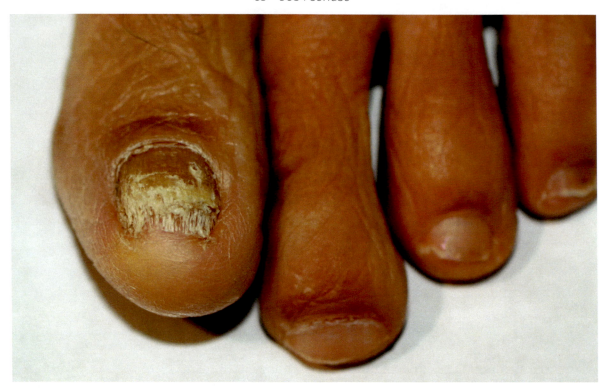

(ID:151971830 © Irina Timonina | Dreamstime.com)

É uma condição não contagiosa que pode afetar pessoas de todas as idades, mas é mais comumente diagnosticada em adultos. Aqui estão algumas características a psoríase:

Sintomas:

Placas: a manifestação mais comum da psoríase é o desenvolvimento de manchas cutâneas em alto relevo, avermelhadas e escamosas, conhecidas como placas. Essas manchas podem variar em tamanho e aparecer em qualquer parte do corpo, mas geralmente aparecem nos cotovelos, nos joelhos, no couro cabeludo, na parte inferior das costas e nos órgãos genitais.

Coceira e desconforto: as placas de psoríase podem causar coceira e desconforto, ou mesmo dor moderada, especialmente se racharem ou sangrarem.

Psoríase ungueal é outra característica dessa doença quando reflete sua ação nas unhas, causando alterações substanciais, como corrosão, pequenos amassamentos, espessamento, descoloração e separação do leito ungueal.

Envolvimento das articulações: em alguns casos mais graves, a psoríase pode levar a uma condição chamada artrite psoriática, causando dor, inchaço e rigidez nas articulações.

Causas e gatilhos

A causa exata da psoríase não é totalmente compreendida, mas acredita-se que esteja relacionada a uma combinação de fatores genéticos, do sistema imunológico e ambientais. Os gatilhos para surtos de psoríase incluem estresse, infecções, lesões na pele, certos medicamentos e mudanças climáticas.

Tipos de psoríase

Existem vários tipos diferentes de psoríase:

Psoríase em placas: a forma mais comum, caracterizada por placas vermelhas elevadas com escamas prateadas.

Psoríase gutata: frequentemente desencadeada por uma infecção bacteriana, esse tipo aparece como pequenas manchas vermelhas na pele.

Psoríase inversa: encontrada em áreas com dobras cutâneas (como virilha, axilas e sob os seios), esse tipo aparece como manchas vermelhas e lisas.

Psoríase pustulosa: caracterizada por bolhas brancas cheias de pus cercadas por pele vermelha.

Psoríase eritrodérmica: uma forma rara e grave que causa vermelhidão generalizada e descamação da pele, muitas vezes acompanhada de febre e coceira intensa.

Tratamento

Infelizmente, ainda não há cura para a psoríase, mas vários tratamentos podem ajudar a controlar os sintomas e reduzir os surtos. As opções de tratamento incluem:

Tratamentos tópicos: cremes, pomadas e loções contendo corticosteroides, análogos da Vitamina D, alcatrão de carvão ou inibidores de calcineurina podem ser aplicados diretamente na pele afetada.

Fototerapia (Terapia de Luz): a exposição à luz solar natural ou luz ultravioleta artificial (UV) pode ajudar a melhorar os sintomas da psoríase.

Medicamentos sistêmicos: para casos mais graves, podem ser prescritos medicamentos orais ou injetáveis que afetam o sistema imunológico, como produtos biológicos, metotrexato ou ciclosporina.

Estilo de vida e remédios caseiros: manter um estilo de vida saudável, controlar o estresse, hidratar a pele e evitar os gatilhos também podem ajudar a controlar a psoríase.

É importante que os indivíduos com psoríase trabalhem em estreita colaboração com um profissional de saúde, normalmente um dermatologista, para desenvolver um plano de tratamento adaptado às suas necessidades específicas. A psoríase é uma doença crônica que pode ter um impacto significativo na qualidade de vida de uma pessoa, por isso a gestão e os cuidados adequados são cruciais para as pessoas afetadas.

Paroníquia

A paroníquia é uma doença bastante comum e dolorosa que afeta a pele ao redor das unhas. Ocorre quando a pele ou os tecidos ao redor da unha ficam inflamados e infectados.

C3 - 004 Paroníquia

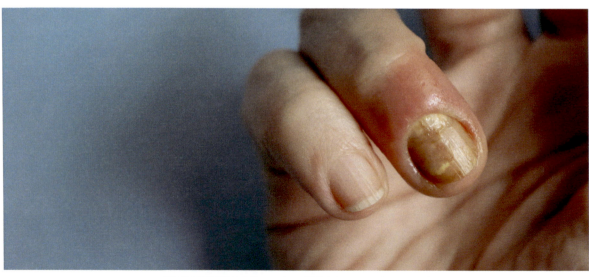

(ID:253757566 ©Tanyalev1978 | Dreamstime.com)

A paroníquia pode afetar as unhas das mãos e dos pés e pode ser aguda ou crônica. Seguem os dois principais tipos de paroníquia.

Paroníquia aguda

Causas: geralmente é causada por uma infecção bacteriana, mais comumente pela bactéria *Staphylococcus aureus* ou *Streptococcus*. Muitas vezes ocorre como resultado de pequenos traumas na unha ou na pele ao redor dela, como roer as unhas, cutucar as cutículas ou machucar a unha de alguma forma.

Sintomas: os sintomas da paroníquia aguda incluem vermelhidão, inchaço e sensibilidade da pele ao redor da unha, bem como dor e formação de pus. A área afetada pode ficar em estado febril e ligeiramente quente.

Tratamento: o tratamento normalmente envolve imersão em água morna com sabão, antibióticos tópicos ou orais para tratar a infecção e, em alguns casos, drenagem de qualquer abscesso (acúmulo de pus). É essencial manter a área higienizada e seca.

Paroníquia crônica

Causas: a paroníquia crônica é uma dermatite irritante dos tecidos periungueais, resultante de danos às barreiras que circundam as unhas, que são os tecidos protetores, incluindo o epôníquio, as dobras ungueais laterais e o hipôníquio. O rompimento das barreiras protetoras das unhas em si causa apenas dor e pouco sangramento, porém a paroníquia crônica geralmente é causada por infecções fúngicas ou bacterianas que acessam o corpo pelas aberturas causadas por rupturas dos tecidos protetores, como já mencionado. É mais frequente o desenvolvimento gradual em pessoas que diariamente colocam as mãos ou os pés em ambientes úmidos, como aquelas que trabalham em profissões relacionadas à água.

Sintomas: a paroníquia crônica é caracterizada por inflamação prolongada das dobras ungueais e os sintomas incluem vermelhidão, inchaço, sensibilidade e, às vezes, desenvolvimento de múltiplas dobras ungueais (epôníquia). A unha pode ficar descolorida, estriada ou mais espessa que o normal.

Tratamento: o tratamento da paroníquia crônica envolve abordar a infecção fúngica ou bacteriana subjacente. Cremes ou pomadas antifúngicas podem ser prescritos para infecções fúngicas e antibióticos podem ser usados se houver um componente bacteriano. Manter a área afetada seca e evitar a exposição prolongada à umidade também ajuda a prevenir a recorrência ou o agravamento da situação.

É fundamental procurar atendimento médico se você suspeitar de paroníquia, principalmente se a infecção for grave, se houver sinais de abscesso ou se não melhorar com os cuidados domiciliares. Um profissional de saúde, normalmente um dermatologista, pode diagnosticar a doença e recomendar o tratamento adequado. A paroníquia não tratada pode levar a complicações como a propagação de infecções ou o desenvolvimento de problemas ungueais crônicos de difícil cura.

Trauma ungueal

Trauma ungueal refere-se a qualquer lesão ou danos às unhas, que pode afetar tanto a lâminas ungueais das mãos quanto as dos pés.

C3 - 005 Trauma ungueal

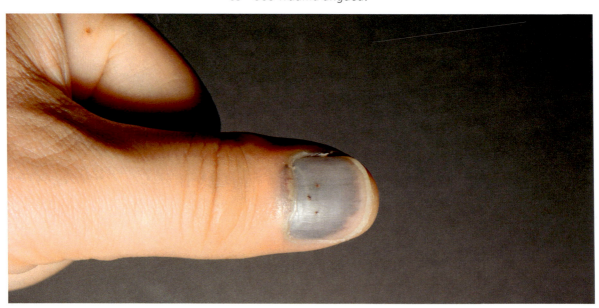

ID: 88421914 | Trauma © Youjnii | Dreamstime.com

O trauma ungueal pode ocorrer de várias maneiras e variar de leve a grave, dependendo da natureza e da extensão da lesão. Alguns tipos comuns de trauma ungueal e suas causas são:

Trauma contuso: força contundente ou impacto nas unhas, como bater um dedo em uma porta, deixar cair um objeto pesado sobre a unha ou bater na unha com um martelo, pode causar ferimentos. Esse tipo de trauma pode resultar em hematomas nas unhas, sangramento sob a unha (hematoma subungueal) ou separação da unha do leito ungueal.

Lesões na cutícula ou no leito ungueal: cortes acidentais, rasgos ou danos à cutícula ou ao leito ungueal podem ocorrer ao se usar objetos pontiagudos, aparar as unhas muito perto ou fazer manicure ou pedicure. Essas lesões podem causar dor, sangramento e infecção.

Avulsão da unha (remoção por completo): a avulsão da unha ocorre quando toda a unha está parcial ou completamente desligada do leito ungueal. Isso pode acontecer devido a fatores traumáticos, como ficar com a unha presa na porta do carro, martelar acidentalmente a unha ou arrancar unhas artificiais com excesso de força.

Unhas encravadas: as unhas encravadas são um tipo de trauma ungueal que ocorre quando a borda da unha cresce na pele ao redor (vide tópico Onicocriptose).

Exposição a produtos químicos: o contato com produtos químicos agressivos, como agentes de limpeza domésticos ou removedores de esmalte, pode danificar as unhas e a pele ao redor. A exposição prolongada a produtos químicos sem proteção adequada pode enfraquecer, ressecar e descolorir as unhas.

Microtrauma repetitivo: lesões leves frequentes, como bater as unhas no teclado ou usar as unhas para abrir objetos podem se acumular com o tempo e enfraquecer e danificar as unhas.

O tratamento do trauma ungueal depende da gravidade e do tipo de lesão. Assim, para ferimentos leves, como hematomas ou pequenos cortes, limpar a área afetada, aplicar um antisséptico e mantê-la coberta pode ser suficiente.

Hematomas subungueais (sangramento embaixo da unha) podem necessitar de drenagem se forem dolorosos ou causarem pressão (latejamento). Nesses casos, um profissional de saúde pode realizar esse procedimento.

Para lesões mais graves, como avulsão de unhas ou cortes profundos, procure imediatamente atendimento médico. Unhas encravadas podem exigir cuidados de um profissional de saúde, especialmente se infeccionarem ou forem recorrentes.

Prevenir ainda é o melhor meio de evitar traumas nas unhas. Para tal, tomar os cuidados adequados fazem a diferença, como usar luvas de proteção ao trabalhar ou ao manusear produtos químicos e evitar atividades repetitivas que sobrecarreguem as unhas.

Se você sofrer um trauma significativo nas unhas ou estiver preocupado com uma lesão já existente é aconselhável consultar um médico, de preferência um dermatologista ou um especialista em mãos. Eles podem fornecer tratamento e orientação adequados para promover a cicatrização das unhas e minimizar possíveis complicações.

Lesões ou traumas nas unhas podem resultar em vários distúrbios ungueais, incluindo hematoma subungueal (sangramento embaixo da unha), unhas rachadas ou descoladas, perda total das unhas e/ou deformidades irreversíveis.

Linhas de Beau

As linhas de Beau, também conhecidas como Doença de Beau ou sulcos transversais, são depressões ou vincos horizontais que podem se desenvolver em uma ou mais unhas.

C3 - 006 Linhas de Beau

(©la-mar.photo/ShutterStock.com/ID:2189330195)

Estas linhas são um indicador visível de uma interrupção no crescimento normal da lâmina ungueal e estão normalmente associadas a várias condições médicas subjacentes ou fatores temporários. Aqui estão algumas características das Linhas de Beau:

1. **Aparência:** as linhas de Beau aparecem como reentrâncias horizontais ou sulcos que percorrem toda a largura da unha. Elas podem afetar uma ou mais unhas e variar em profundidade e gravidade.

2. **Localização:** essas linhas geralmente aparecem nas unhas das mãos, mas também podem ocorrer nas unhas dos pés.
3. **Espaçamento**: a distância entre as linhas de Beau pode variar. Em casos graves, as linhas podem estar bem juntas, enquanto em casos mais leves podem estar mais separadas.

Causas das linhas de Beau

As linhas de Beau se desenvolvem quando há uma interrupção no crescimento normal da matriz ungueal que, como você já sabe, é o tecido abaixo da base da unha responsável pela produção de novas células ungueais. Essa interrupção pode ser causada por vários fatores, incluindo:

Doença ou febre: doenças agudas, febres altas e infecções graves podem interromper temporariamente o crescimento das unhas e levar à formação das linhas de Beau. As linhas geralmente aparecem algumas semanas após a doença.

Trauma ou lesão: lesões na matriz ungueal, como esmagamento da unha, podem resultar no desenvolvimento das linhas de Beau.

Quimioterapia ou medicamentos: certos medicamentos, principalmente quimioterápicos, podem afetar o crescimento das unhas e causar linhas de Beau como efeito colateral.

Deficiências nutricionais: deficiências nutricionais graves, especialmente de zinco ou ferro, podem afetar a saúde das unhas e causar o desenvolvimento das linhas de Beau.

Doenças Sistêmicas: condições crônicas como diabetes, doença vascular periférica e psoríase podem afetar o crescimento das unhas e contribuir para a formação dessas linhas.

Diagnóstico e Tratamento: o diagnóstico das linhas de Beau normalmente envolve um exame físico das unhas afetadas e uma avaliação do histórico médico do indivíduo para identificar possíveis causas subjacentes.

O tratamento das linhas de Beau depende da causa subjacente. Se as linhas estiverem relacionadas a uma condição temporária, como doença ou febre, elas geralmente desaparecem sozinhas à medida que a unha cresce.

Abordar a condição médica subjacente, como controlar o diabetes ou corrigir deficiências nutricionais, pode ajudar a prevenir novas recorrências das linhas de Beau. Em casos de trauma ungueal grave, pode ser necessária intervenção médica para reparar ou até mesmo remover por completo a unha danificada.

Como sempre alerto, é essencial consultar um médico, geralmente um dermatologista, caso note linhas de Beau nas unhas, especialmente se não tiver certeza das possíveis causas. Identificar e tratar o problema é importante para a saúde geral das unhas e do indivíduo.

Onicólise

Trata-se de um termo médico para se referir à anomalia que causa a separação da lâmina ungueal do leito ungueal, normalmente começando na ponta ou nas laterais da unha e progredindo em direção ao centro ou à base desta. Essa condição resulta na formação de um espaço entre a unha e o leito ungueal, o que pode criar uma aparência anormal e causar desconforto.

C3 - 007 Onicólise

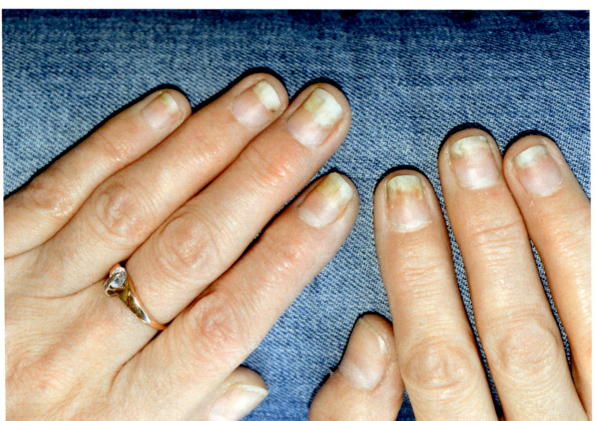

(ID: 173582917 ©Tatiana Terekhina | Dreamstime.com)

A Onicólise pode afetar as unhas das mãos e dos pés e é causada por vários fatores. Aqui estão algumas causas dessa doença ungueal:

Trauma: lesão física ou trauma na unha, como prender um dedo na porta, bater forte ou bater repetidamente ou, ainda, usar as unhas como ferramenta, pode levar à Onicólise.

Exposição a produtos químicos: o contato com produtos químicos agressivos, incluindo agentes de limpeza domésticos, removedores de esmalte ou solventes, pode enfraquecer a ligação entre a lâmina ungueal e o leito ungueal, levando ao descolamento.

Infecções fúngicas: infecções fúngicas das unhas, como Onicomicose, podem promover o surgimento da Onicólise. Organismos fúngicos podem invadir o leito ungueal e interromper a fixação da lâmina ungueal.

Psoríase: indivíduos com psoríase, uma doença crônica da pele, podem apresentar Onicólise como sintoma. A Psoríase pode afetar as unhas, causando alterações na sua aparência e textura.

Reações alérgicas: reações alérgicas a produtos para unhas, como esmaltes, adesivos ou unhas artificiais, podem desencadear Onicólise em alguns indivíduos.

Doenças sistêmicas: assim como outras anomalias ungueais, certas condições sistêmicas, como distúrbios da tireoide ou doenças autoimunes, podem afetar a saúde das unhas e contribuir para a Onicólise.

Sintomas de Onicólise

Os sintomas da Onicólise variam dependendo da causa e da gravidade, mas incluem:

- Lacuna ou separação visível entre a lâmina ungueal e o leito ungueal.
- Descoloração da unha afetada, que pode parecer branca, amarela ou esverdeada.
- Alterações na textura das unhas, incluindo espessamento, fragilidade ou deformação.
- Dor ou desconforto, especialmente se a borda da unha separada ficar presa em objetos ou se o leito ungueal ficar exposto.

Tratamento de Onicólise

O tratamento para a Onicólise concentra-se em descobrir a causa e prevenir a separação continuada da unha do leito ungueal. As opções de tratamento incluem:

Identificando e tratando a causa: determinar a causa subjacente da Onicólise é crucial. Se resultar de uma infecção fúngica, por exemplo, podem ser prescritos medicamentos antifúngicos. Se for devido a trauma ou a uma exposição a produtos químicos, é essencial evitar maiores danos para se precaver. Fale com o seu médico antes de qualquer ação por conta própria.

Aparagem e proteção: aparar a parte separada da unha pode ajudar a reduzir o desconforto e evitar mais lesões. Algumas medidas de proteção devem ser seguidas, como usar luvas ao usar produtos químicos ou tomar precauções para evitar traumas que agravem o estado atual das unhas e também previnam traumas futuros.

Medicamentos tópicos: em alguns casos, tratamentos tópicos, como pomadas corticosteroides, cremes ou esmaltes antifúngicos para unhas são recomendados.

Cuidados com as unhas: manter a higiene adequada das unhas e evitar produtos agressivos para as unhas pode promover a saúde delas e prevenir a recorrência.

Se você contrair Onicólise ou tiver dúvidas sobre a saúde das suas unhas é aconselhável consultar um médico dermatologista. Ele pode diagnosticar a doença, determinar a causa subjacente e recomendar tratamento e medidas preventivas adequadas. A prevenção é essencial para evitar complicações e promover o crescimento saudável das unhas.

Síndrome das Unhas Amarelas

C3 - 008 síndrome das unhas amarelas

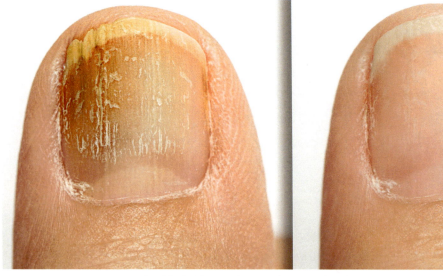
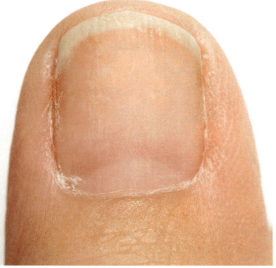

(ID:287813247 ©Alessandro Grandini | Dreamstime.com)

A síndrome das Unhas Amarelas é uma condição médica rara caracterizada por vários pontos distintos, incluindo o amarelecimento, o espessamento e o crescimento lento das unhas. Muitas vezes está associada a distúrbios respiratórios ou linfáticos subjacentes. Vejamos em maiores detalhes a seguir.

Unhas amareladas: um dos sintomas mais visíveis da síndrome das Unhas Amarelas é o amarelecimento das unhas das mãos e/ou dos pés. As unhas podem ficar espessas, crescer lentamente e apresentar uma tonalidade amarela, esverdeada ou acastanhada. Essa descoloração é normalmente uniforme em todas as unhas.

Problemas respiratórios: muitos indivíduos com síndrome das Unhas Amarelas também apresentam problemas respiratórios, incluindo tosse crônica, dificuldade em respirar e infecções pulmonares recorrentes. O derrame pleural, (acúmulo de líquido entre as camadas que circundam os pulmões) é uma complicação respiratória comum.

Anormalidades do sistema linfático: a síndrome das Unhas Amarelas é também frequentemente associada a anormalidades no sistema linfático, que é responsável por manter o equilíbrio de fluidos no corpo. Isso pode levar ao acúmulo de líquido linfático em vários tecidos, incluindo os pulmões, o que pode contribuir para os sintomas respiratórios.

A causa exata da síndrome das Unhas Amarelas ainda não é bem compreendida, mas acredita-se que esteja relacionada a uma disfunção subjacente no sistema linfático. Pode ocorrer em indivíduos de todas as idades e é mais comum em adultos. O diagnóstico geralmente é baseado em diagnósticos clínicos, incluindo alterações ungueais distintas, sintomas respiratórios e anormalidades linfáticas.

O tratamento para a síndrome das Unhas Amarelas concentra-se no controle dos sintomas. Isso pode envolver intervenções como tratamento de infecções respiratórias, drenagem de líquidos acumulados e tratamento de quaisquer condições subjacentes que possam estar contribuindo para a síndrome.

É importante observar que a síndrome das Unhas Amarelas é uma condição rara e os indivíduos que suspeitam tê-la contraído devem procurar avaliação médica e orientação de profissionais de saúde.

Líquen plano das unhas: o líquen plano é uma doença inflamatória crônica que pode afetar a pele, as membranas mucosas e as unhas.

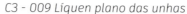

C3 - 009 Líquen plano das unhas

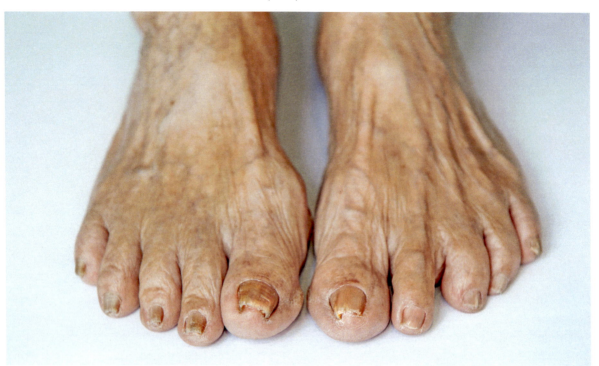

C3-009 (©Raymond Vong-ShutterStock.com-ID:1873449748)

Quando afeta as unhas é conhecido como líquen plano ungueal e pode causar uma variedade de alterações nas unhas. Essas alterações podem ser desagradáveis à estética e funcionalmente. Algumas características comuns e maneiras de tratar o líquen plano das unhas são:

Alterações nas unhas: o líquen plano pode causar várias alterações nas unhas, incluindo:

Abaulamentos: pequenas depressões ou buracos na lâmina ungueal.

Estrias: sulcos ou trincas longitudinais que correm ao longo do comprimento da unha.

Espessamento: as unhas podem ficar grossas e descoloridas.

Perda de unhas: em casos graves, as unhas podem se desprender totalmente do leito ungueal.

Dor e desconforto: o líquen plano das unhas pode estar associado a dor e desconforto, especialmente se a condição deixar as unhas espessadas ou descoladas.

Opções de tratamento: o tratamento do líquen plano ungueal é desafiador e exige uma combinação de abordagens. Aqui estão algumas opções de tratamento possíveis:

Corticosteroides tópicos: seu médico pode prescrever cremes ou pomadas corticosteroides tópicos para aplicar nas unhas afetadas. Esses medicamentos podem ajudar a reduzir a inflamação e melhorar a aparência das unhas.

Injeções intralesionais de esteroides: em alguns casos, seu médico pode injetar corticosteroides diretamente na matriz ungueal para atingir a inflamação.

Medicamentos orais: em casos graves ou quando outros tratamentos são ineficazes, podem ser prescritos medicamentos orais, como corticosteroides sistêmicos, retinoides ou imunossupressores.

Evitando gatilhos: identificar e evitar possíveis gatilhos ou irritantes que exacerbam o líquen plano pode ser útil.

Cuidados com as unhas: o cuidado adequado das unhas é essencial. Mantenha-as limpas e aparadas para evitar infecções secundárias. Evite traumas nas unhas.

Terapia UV: alguns indivíduos podem se beneficiar da terapia com luz ultravioleta (UV), conhecida como terapia PUVA (Psoraleno mais ultravioleta A), mas é menos comumente usada para líquen plano ungueal.

Caso você suspeite que foi acometido por líquen plano ou está apresentando alterações nas unhas, é fundamental consultar um dermatologista. Ele poderá diagnosticar a condição por meio de um exame físico, às vezes uma biópsia ungueal, e então recomendar um plano de tratamento adequado, adaptado à sua situação em particular.

Lembre-se de que o líquen plano ungueal é uma condição crônica e o tratamento pode demorar para mostrar resultados. O acompanhamento regular com um profissional de saúde é essencial para monitorar o progresso e ajustar o tratamento conforme necessário. Não tire conclusões apressadas sem antes procurar um profissional da saúde.

Onicogrifose

A Onicogrifose, também conhecida como unhas de chifre de carneiro ou unhas em garra, é uma patologia que afeta as unhas, geralmente as dos pés, fazendo com que fiquem espessas, curvas e/ou alongadas. Essa condição é mais comum ocorrer em adultos acima dos 50 anos de idade e está frequentemente associada a cuidados inadequados com as unhas e a certas condições de saúde subjacentes.

C3 - 010 Onicogrifose

(©PK289-ShutterStock.com-ID: 695513386)

As principais características da Onicogrifose incluem:

Espessamento: as unhas afetadas tornam-se significativamente mais espessas do que as unhas normais. Esse espessamento dificulta o corte e o manejo das unhas.

Curvatura: as unhas podem se curvar ou se enrolar para ambos os lados e assemelhar-se ao formato de um chifre de carneiro ou de uma garra. Essa curvatura dificulta o uso confortável de sapatos e aumenta o risco de unhas encravadas.

Hiperqueratose: Há um crescimento excessivo da queratina, proteína que compõe as unhas, levando ao formato e a espessura anormal das unhas.

Descoloração: as unhas também podem ficar descoloridas, ficando amareladas, acastanhadas ou até pretas em alguns casos.

A Onicogrifose é causada por vários fatores, incluindo:

1. Malcuidado e falta de higiene adequada nas unhas.
2. Infecções fúngicas (Onicomicose).
3. Trauma ou lesão.
4. Anormalidades na estrutura óssea subjacente dos dedos dos pés.
5. Certas condições médicas, como psoríase, diabetes ou doença vascular periférica.

6. Mudanças relacionadas à idade no crescimento e na espessura das unhas.

O tratamento para Onicogrifose geralmente envolve aparar e afinar as unhas afetadas, o que pode ser feito por um podólogo ou um profissional de saúde. Em casos graves ou quando estão presentes condições subjacentes, procedimentos mais invasivos, como avulsão da unha (remoção completa da unha), podem ser considerados.

As medidas preventivas incluem manter uma boa higiene dos pés, usar sapatos adequadamente ajustados (não apertados) e tratar quaisquer problemas de saúde subjacentes que possam contribuir para alterações na saúde das unhas. É importante que os indivíduos com Onicogrifose procurem orientação médica para determinar a causa do problema e receber tratamento adequado.

Unhas fracas

Unhas fracas, às vezes interpretadas como unhas quebradiças, são causadas por vários fatores.

C3 - 011 Unhas fracas

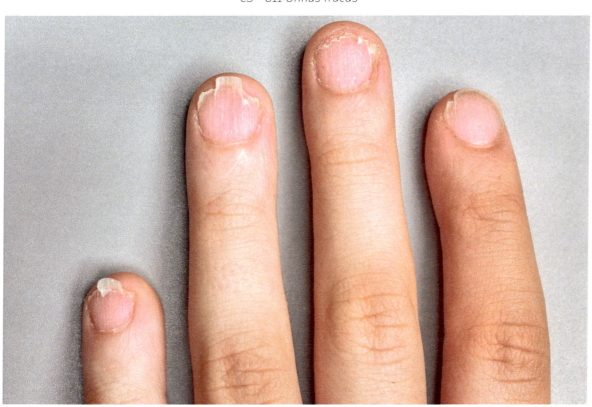

(Photo 243456169 © Carlos Andres | Dreamstime.com)

Algumas das causas mais comuns de unhas fracas incluem:

Deficiências nutricionais: a falta de nutrientes essenciais, como biotina, ferro, zinco e certas vitaminas (como vitamina A e vitamina C) pode causar unhas quebradiças. Esses nutrientes são importantes para manter a força e a saúde das unhas.

Exposição excessiva à umidade: a exposição prolongada à água e à umidade contribui para o enfraquecimento das unhas. As unhas podem absorver água, fazendo com que se expandam e contraiam, o que pode resultar em rachaduras, descamação e enfraquecimento da sua estrutura.

Produtos químicos agressivos: a exposição frequente a produtos químicos agressivos, como os encontrados em produtos de limpeza, removedores de esmalte e certos cosméticos, pode danificar as unhas e torná-las mais propensas à fraqueza e à quebra.

Esmaltes e acrílicos: o uso frequente de esmaltes, principalmente se não houver intervalos entre eles, ou a aplicação e a remoção de unhas acrílicas podem enfraquecer as unhas naturais com o tempo.

Envelhecimento: à medida que as pessoas envelhecem, a produção de óleos e proteínas naturais que contribuem para a força das unhas vai diminuindo, tornando as unhas mais fracas e quebradiças.

Condições médicas: certas condições médicas, como hipotireoidismo, psoríase, eczema, anemia e infecções fúngicas podem afetar a saúde das unhas e contribuir para a sua fraqueza.

Medicamentos: alguns medicamentos, incluindo quimioterápicos e certos medicamentos antifúngicos têm efeitos colaterais que afetam a saúde das unhas.

Genética: algumas pessoas são geneticamente predispostas a ter unhas mais fracas. Se outras pessoas da sua família também tiverem unhas fracas, pode haver um componente hereditário.

Uso excessivo de ferramentas para unhas: o uso excessivo ou inadequado de ferramentas para unhas, como cortadores, lixas e aparadores de cutículas causa danos às unhas e cutículas.

Fatores de estilo de vida: práticas inadequadas de cuidado das unhas (por exemplo, usar as unhas como ferramentas), lixamento excessivo e traumas contribuem para seu enfraquecimento.

Para melhorar a resistência e a saúde das suas unhas, considere as seguintes dicas:

- Mantenha uma dieta balanceada rica em vitaminas, minerais e proteínas.

- Mantenha as unhas limpas e secas e use luvas ao trabalhar com água ou produtos químicos.
- Use práticas suaves de cuidado com as unhas e evite lixar ou cortá-las excessivamente.
- Aplique regularmente óleo hidratante para unhas e cutículas.
- Dê uma pausa no uso de esmaltes e acrílicos.
- Evite usar produtos químicos agressivos nas unhas.

Se você suspeitar que uma condição médica está causando o enfraquecimento das unhas, consulte um profissional de saúde para diagnóstico e tratamento adequados.

Verrugas ungueais

As verrugas ungueais, comumente conhecidas como verrugas periungueais ou verrugas subungueais, são um tipo de comum de verrugas que se desenvolve ao redor ou sob as unhas das mãos ou dos pés. Essas verrugas são causadas pelo papilomavírus humano (HPV). Elas são desagradáveis e causam desconforto. As principais características desta anomalia são:

Localização: as verrugas ungueais geralmente aparecem perto do leito ungueal, sob a unha ou na pele ao redor da unha. Eles podem afetar as unhas das mãos e dos pés.

C3 - 012 Verrugas ungueais

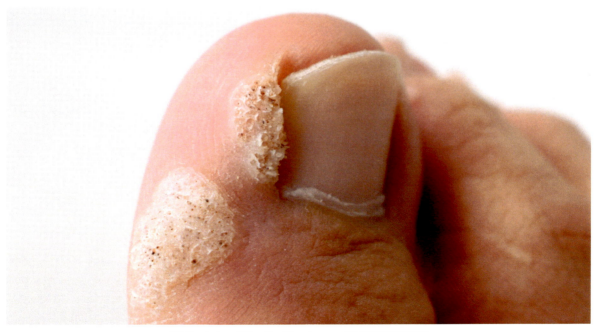

(©Benislav / ShutterStock.com-ID:1500209366)

Aparência: geralmente têm uma superfície áspera e irregular e ainda podem ter aparência da cor da pele, branca ou amarelada. Elas podem ter pequenos pontos ou estrias pretas, que são pequenos vasos sanguíneos que irrigam a verruga.

Dor e desconforto: as verrugas ungueais podem causar dor, especialmente quando crescem embaixo da unha, gerando pressão e distorção da unha. Essa anomalia também pode levar a alterações no formato e na espessura das unhas.

Propagação: é uma doença contagiosa e pode se espalhar para outros dedos das mãos ou dos pés por meio do contato direto ou do compartilhamento de objetos contaminados, como cortadores de unhas ou lixas.

Tratamento: o tratamento desta anomalia pode ser desafiador porque as verrugas geralmente aparecem em uma área muito sensível. As opções de tratamento incluem medicamentos tópicos, crioterapia (congelamento), terapia a laser ou remoção cirúrgica por um profissional de saúde.

É muito importante consultar um dermatologista ou um profissional de saúde caso você suspeite que foi acometido por essa doença, pois somente um(a) profissional pode fornecer um diagnóstico preciso e recomendar o tratamento adequado.

Os tratamentos regulares podem não ser eficazes para as verrugas ungueais devido à sua localização e à espessura da unha. Além disso, o tratamento precoce ajuda a evitar que as verrugas se espalhem ou se tornem maiores e mais dolorosas e, consequentemente, mais difíceis de tratar.

Granuloma piogênico

O granuloma piogênico é uma complicação advinda da unha encravada e é popularmente conhecido como "carne esponjosa". Além de provocar dor, o granuloma sangra facilmente. Esse tipo de problema deve ser tratado pelo dermatologista no consultório, com aplicações de ácidos fortes na lesão ou com crioterapia (congelamento), e antibioticoterapia tópica domiciliar. Caso isso não resolva o quadro, resta possível cirurgia para remoção das ocorrências do granuloma.

C3 - 013 Granuloma piogênico

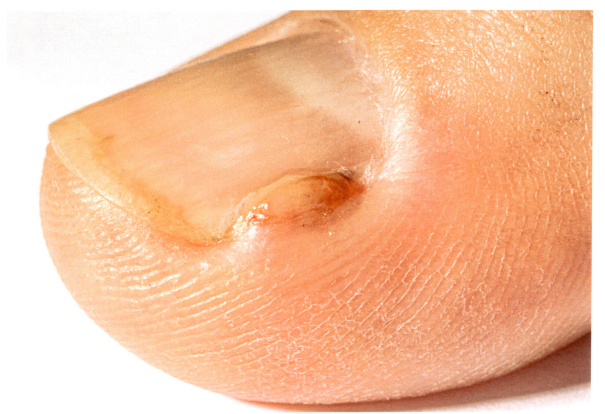

©franklinveras/ShutterStock.com ID: 2271637293

Apesar do nome, os granulomas ungueais não são granulomas verdadeiros no sentido de uma resposta imunológica, mas crescimentos vasculares que resultam de vários fatores. Aqui estão algumas características dos granulomas ungueais:

Aparência: os granulomas ungueais geralmente aparecem como pequenos nódulos ou protuberâncias elevadas, avermelhadas ou rosadas, perto do leito ungueal, sob a lâmina ungueal ou na dobra ungueal (a pele ao redor da unha). Eles podem ter a aparência de uma pequena framboesa ou cereja.

Causas: eles podem se desenvolver devido a várias causas, incluindo trauma ou lesão na unha (como roer unhas ou serviço agressivo da manicure), infecções (como infecções fúngicas) ou condições médicas subjacentes. Eles estão frequentemente associados a irritação ou lesão na matriz ungueal.

Sintomas: os granulomas ungueais podem ser indolores, mas podem sangrar facilmente e são propensos a ulceração se traumatizados. Eles podem causar desconforto ou problemas estéticos, especialmente quando ocorrem nos dedos das mãos.

Diagnóstico: o diagnóstico de um granuloma ungueal geralmente é baseado em sua aparência e no exame clínico. Em alguns casos, um profissional de saúde pode recomendar uma biópsia para confirmar o diagnóstico e descartar outras doenças.

Tratamento: o tratamento dessa enfermidade depende da causa e do tamanho do nódulo. As opções de tratamento incluem:

- Medidas conservadoras: para granulomas menores, as abordagens conservadoras incluem manter a área limpa, evitar trauma ou irritação e medicamentos tópicos.

- Cauterização: um profissional de saúde pode usar um procedimento médico para cauterizar (queimar com congelamento) o granuloma para cessar o sangramento e estimular a cura.

- Remoção cirúrgica: em alguns casos, especialmente quando os granulomas são grandes, persistentes ou causam desconforto significativo, a remoção cirúrgica pode ser necessária. Esse procedimento é normalmente realizado por um dermatologista ou um cirurgião de mão.

É importante consultar um médico se você suspeitar que foi acometido por granuloma ungueal ou qualquer alteração incomum ao redor das unhas, pois a avaliação e o tratamento adequados podem ajudar a prevenir complicações e resolver quaisquer problemas subjacentes que estejam contribuindo para o seu desenvolvimento.

Para se proteger de doenças não só nas unhas, mas na estrutura ungueal como um todo, e mantê-las sempre bonitas, fortes e saudáveis, é aconselhável seguir algumas práticas e cuidados, além de orientações de higiene:

Higiene: mantenha as unhas limpas lavando regularmente as mãos e os pés com água e sabão, e seque-as bem após a lavagem para evitar problemas relacionados à umidade.

Aparar e lixar corretamente as unhas

Apare as unhas regularmente usando um cortador de unhas limpo e afiado e nunca use outras ferramentas ou utensílios domésticos para essa finalidade.

Lixe as unhas em uma direção apenas, evitando, assim, rachaduras e o enfraquecimento delas. Evite usar lixas de metal, pois podem causar danos.

Evite roer e/ou cutucar as unhas

Roer ou cutucar as unhas contribui para contrair bactérias e causar infecções na estrutura ungueal. Tente deixar esses maus hábitos.

Proteja suas unhas

Use luvas enquanto realiza tarefas domésticas, como jardinagem ou trabalhos usando produtos químicos agressivos.

Use equipamentos de proteção individual (EPI), como protetores para os dedos ou luvas apropriadas, principalmente quando o seu trabalho envolve contato frequente com água ou produtos químicos.

Hidrate suas unhas e cutículas

Aplique regularmente creme ou óleo hidratante para unhas e cutículas para manter hidratadas as mãos e toda a estrutura ungueal.

Fortalecedores de unhas

Fortalecedores e endurecedores de unhas podem ser úteis, mas como tudo em demasia é danoso. O uso excessivo desses produtos pode gerar efeito contrário e tornar as unhas potencialmente quebradiças. Todo medicamento deve ser usado conforme as instruções da bula ou do(a) profissional de saúde que prescreveu. Não se automedique, consulte sempre um dermatologista da sua confiança.

Mantenha uma dieta balanceada

Uma dieta saudável e rica em vitaminas, minerais e proteínas ajuda a promover a saúde das unhas. Não se esqueça de incluir alimentos variados como frutas, vegetais, proteínas magras, fibras e nozes em sua dieta.

Mantenha-se hidratado

Beba água regularmente para manter corpo, unhas e pele bem hidratados. Não se esqueça de que nosso corpo é composto por mais de 70% de água.

Ninguém pode te amar mais ou proteger mais a sua saúde do que você mesma(o).

Evite o uso excessivo de esmaltes e acrílicos

Se você usa esmalte ou unhas de acrílico com frequência, dê tempo às unhas para respirarem entre as aplicações para evitar enfraquecimento e amarelecimento. O recomendado é pelo menos uma semana entre as aplicações.

Pratique hábitos seguros de manicure

Escolha um salão de beleza de boa reputação, que siga práticas adequadas de higiene e esterilização, observe os procedimentos iniciais do(a) profissional que irá atende-lo(a). Se possível, ou se julgar necessário, leve consigo suas próprias ferramentas de unhas. Essa ação reduz substancialmente os riscos de infecção.

Monitore suas unhas: inspecione regularmente suas unhas em busca de mudanças de cor, textura ou formato. Se notar quaisquer sintomas ou sinais incomuns de infecção, consulte um profissional de saúde.

Evite compartilhar ferramentas para unhas: compartilhar cortadores de unhas, lixas ou outras ferramentas de unhas pode propagar infecções com efeitos irreversíveis. Dê preferência a usar suas próprias ferramentas de unhas ou certifique-se de que as ferramentas compartilhadas sejam devidamente esterilizadas e higienizadas em estufas de autoclave. Outros sistemas de esterilização não são 100% confiáveis.

Gerenciar o estresse: o estresse crônico afeta a saúde em geral, incluindo as unhas. Pratique técnicas de redução do estresse, como exercícios de relaxamento e prática de esportes, como ciclismo, caminhada, corrida de rua, academia, natação e outros.

Consulte um profissional de saúde: se você tiver problemas persistentes ou preocupantes relacionados ao estado geral das suas unhas não hesite em procurar orientação de um dermatologista ou de profissional de saúde. Eles poderão fornecer diagnóstico e tratamento adequados.

Cuidar bem das mãos e praticar uma boa higiene ajuda muito na prevenção de doenças e na manutenção de unhas saudáveis e atraentes.

Capítulo 4
Pele, a armadura do nosso corpo

Por que estudar sobre pele se o meu objetivo são as unhas? O que tem haver uma coisa com outra?

Bem, como um(a) profissional de unhas, ter um bom conhecimento sobre a estrutura da pele, suas fragilidades, sua sensibilidade, seu modo de crescimento, suas anomalias, sua nutrição e outras peculiaridades ajudá-lo-á a entender aspectos importantes que farão toda a diferença no momento de atuar efetivamente.

Lembre-se de que a unha em si nada é sem toda a estrutura de pele que a cerca, fixa, protege e sustenta. Outro ponto a se levar em conta é que a pele pode ser facilmente atingida e danificada com procedimentos direcionados às unhas, uma vez que uma reação alérgica, por exemplo, não acomete a unha em si, mas a pele ao redor dela.

Aprender sobre a pele, principalmente a pele das mãos, é essencial para uma manicure por vários motivos importantes:

Consultas ao cliente: compreender a pele das mãos permite que os técnicos de unhas realizem consultas minuciosas com os clientes. Isso inclui avaliar a condição da pele, identificar quaisquer problemas ou preocupações e adaptar os serviços de unhas de acordo.

Conscientização sobre a saúde da pele: o conhecimento da pele das mãos ajuda os técnicos de unhas a reconhecerem doenças e distúrbios comuns da pele que podem afetar as unhas e a pele circundante. Essa consciência lhes permite fornecer recomendações e encaminhamentos apropriados, se necessário.

Higiene e saneamento: os técnicos de unhas devem aderir a práticas rigorosas de higiene e saneamento. Conhecer a pele os ajuda a limpar e a higienizar adequadamente as mãos e as unhas, reduzindo o risco de infecções e garantindo um ambiente seguro e saudável tanto para o técnico como para o cliente.

Seleção de produtos: diferentes indivíduos têm diferentes tipos de pele e a pele das mãos é bastante sensível. Os técnicos de unhas precisam escolher produtos, como loções, óleos para cutículas e esmaltes adequados aos diferentes tipos de pele para evitar irritações ou reações alérgicas.

Alergias e sensibilidades: alguns clientes podem ter alergias ou sensibilidades a determinados ingredientes de produtos para unhas. O conhecimento dos tipos de pele e dos alérgenos comuns permite que os técnicos de unhas selecionem produtos que minimizem o risco de reações adversas.

Prevenção de problemas de pele: práticas inadequadas de cuidados com as unhas podem causar problemas de pele, como infecções fúngicas ou unhas encravadas. Compreender a pele ajuda os técnicos de unhas a prestarem seus serviços de forma que minimize o risco desses problemas e promova a saúde geral das mãos.

Conforto do cliente: os manicures costumam oferecer massagens nas mãos e outros tratamentos relaxantes como parte de seus serviços. Conhecer a pele garante que esses tratamentos sejam realizados com cuidado, levando em consideração o conforto do cliente e a sensibilidade da pele.

Educando clientes: os técnicos de unhas desempenham um papel importante na educação dos clientes sobre os cuidados adequados com as mãos e as unhas. O conhecimento da pele lhes permite oferecer conselhos práticos sobre como manter a pele saudável, prevenir o ressecamento e abordar preocupações específicas.

Profissionalismo: os clientes apreciam quando um técnico de unhas demonstra uma compreensão abrangente da anatomia das mãos e da saúde da pele. Isso contribui para o profissionalismo do técnico e gera confiança nos clientes.

Em resumo, aprender sobre a pele das mãos é essencial para fornecer serviços de cuidados com as unhas seguros, eficazes e centrados no cliente. Contribui para o bem-estar geral do cliente e aumenta o profissionalismo da manicure na indústria da beleza.

Por esses e outros motivos, conhecer sobre a pele, principalmente a da região das mãos, não é somente louvável, mas de extrema importância para capacitar o(a) profissional de unhas a policiar e reavaliar seus métodos de trabalho, buscando eficiência e, em primeiro lugar, zelar pela saúde e pelo bem-estar do seu cliente.

A nossa pele

A pele é o maior órgão do corpo humano e desempenha diversas funções importantes. Ela atua como barreira protetora, regulando a temperatura, evitando a perda de água e fornecendo informações sensoriais ao cérebro sobre o meio ambiente. A pele é a fronteira que separa o corpo do meio externo, abrange cerca de 7.500 cm² (aprox. 2 m²) de uma pessoa adulta e corresponde a cerca de 16% do seu peso corporal.

A pele também atua no controle do fluxo sanguíneo do corpo, garantindo que não haja coágulos ou distúrbios, e como órgão de defesa do organismo contra diversos agentes nocivos presentes no meio ambiente. Aqui estão algumas características da nossa pele:

Estrutura

A pele consiste em três camadas principais:

C4 - 001 A nossa pele

ID: 31930983 © Peter Hermes Furian | Dreamstime.com

Epiderme: a camada externa da pele, a que podemos ver e tocar; composta por múltiplas camadas de células. Fornece proteção contra elementos externos. Na imagem C4-001, veja as duas camadas principais que formam a epiderme.

Derme: a camada intermediária, que contém vasos sanguíneos, nervos, folículos capilares, glândulas sudoríparas e fibras de colágeno e elastina que dão resistência e elasticidade à pele. A derme atua como fixador das camadas, ou seja, ela promove a adesão da camada de células de gordura com a epiderme, fazendo as três camadas como se fosse uma só.

Tecido subcutâneo (gordura): é a camada mais profunda, que inclui células de gordura que ajudam a regular a temperatura corporal e proporcionam amortecimento.

Funções da pele

Proteção: além de outras coisas, a pele atua como uma barreira de contenção, protegendo o nosso corpo contra microrganismos nocivos, contra a radiação UV e contra lesões físicas.

- **Termorregulação:** as glândulas sudoríparas liberam suor, que evapora para resfriar o corpo. Os vasos sanguíneos da pele também podem se contrair ou dilatar para regular a temperatura.
- **Sensação:** os nervos da pele nos permite sentir toque, pressão, temperatura e dor.
- **Excreção:** as glândulas sudoríparas eliminam resíduos e toxinas do corpo.
- **Produção de vitamina D:** as células da pele produzem vitamina D quando expostas à luz solar, o que é essencial para a saúde óssea.

Tipos de pele

Existem vários tipos de pele, incluindo a pele normal, seca, oleosa, mista e a pele sensível. Esses tipos de pele determinam as necessidades e as vulnerabilidades específicas da pele de cada pessoa.

A anatomia dos capilares sanguíneos

A anatomia capilar refere-se à estrutura e à função dos capilares, que são os menores vasos sanguíneos do corpo.

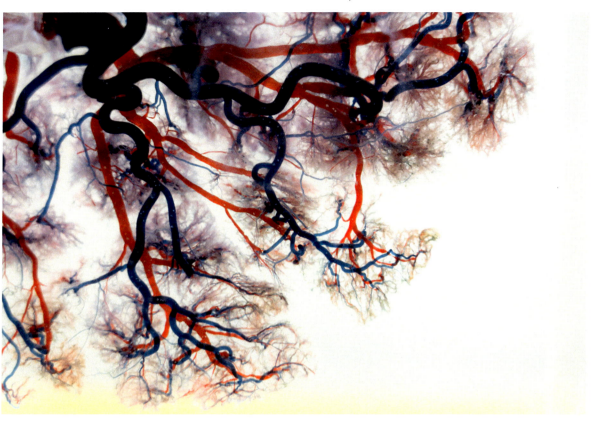

C4 - 002 Anatomia dos capilares

ID: 318210143 | Capillary Anatomy © Teerapong Younglek | Dreamstime.com

O termo capilares sanguíneos refere-se ao vasos sanguíneos que apresentam um calibre (diâmetro) reduzido e se destacam por serem locais de troca de substâncias entre sangue e líquido intersticial (tecidos que circundam os alvéolos no pulmão e nas vias aéreas "os tubos da respiração").

Vejamos algumas características da anatomia capilar:

Estrutura: os capilares são vasos sanguíneos minúsculos e de paredes finas que conectam arteríolas (pequenas artérias) e vênulas (pequenas veias). Os capilares são tão estreitos que os glóbulos vermelhos passam um a um por meio dele, formando uma espécie de fila.

Função dos capilares sanguíneos

As funções exercidas pelos capilares sanguíneos são essenciais para vários processos fisiológicos do corpo, além de cruciais para manter a homeostase (capacidade dos organismos de manterem seu meio interno em certa estabilidade) e garantir o funcionamento adequado de órgãos e tecidos. Aqui estão as principais funções da anatomia capilar:

Troca gasosa: facilitam a troca de gases, principalmente oxigênio (O2) e dióxido de carbono (CO2), entre a corrente sanguínea e os tecidos. O sangue rico em oxigênio das artérias libera oxigênio nos tecidos, enquanto o CO2 produzido pelo metabolismo celular se difunde nos capilares para ser transportado de volta aos pulmões para expiração.

Troca de nutrientes: transportam nutrientes absorvidos do sistema digestivo (através do sistema porta hepático) ou diretamente da corrente sanguínea para vários tecidos do corpo. Isso inclui substâncias essenciais como glicose, aminoácidos, ácidos graxos, vitaminas e minerais.

Remoção de resíduos: desempenham um papel crucial na remoção de resíduos metabólicos gerados pelas células, como CO2, ureia e ácido láctico. Esses produtos residuais se difundem na corrente sanguínea pelas paredes capilares e são posteriormente transportados para órgãos (como pulmões, rins e fígado) para eliminação do corpo.

Equilíbrio de fluidos: manutenção do equilíbrio de fluidos nos tecidos. Eles permitem a troca de água e eletrólitos (como íons sódio, potássio e cloreto) entre a corrente sanguínea e os tecidos circundantes, ajudando a regular a distribuição de fluidos e a prevenir o acúmulo excessivo de fluidos (edema) ou seu esgotamento.

Transporte de hormônios e moléculas sinalizadoras: transportam hormônios, enzimas e outras moléculas sinalizadoras por todo o corpo, garantindo uma comunicação eficaz entre diferentes órgãos e tecidos. Os hormônios liberados na corrente sanguínea podem atingir seus tecidos alvo através dos capilares, nos quais exercem seus efeitos fisiológicos.

Resposta imunológica: facilitam a vigilância e a resposta imunológica, permitindo que as células imunológicas (como os glóbulos brancos) saiam da corrente sanguínea e migrem para os tecidos para combater infecções, inflamações e outras condições patológicas.

Regulação da temperatura: ajudam a regular a temperatura corporal por meio de vasodilatação (alargamento) e vasoconstrição (estreitamento). Ao ajustar o fluxo sanguíneo para a pele e para os músculos, os capilares contribuem para a dissipação ou conservação do calor, ajudando a manter o equilíbrio térmico.

Em resumo, as funções dos capilares sanguíneos são essenciais para apoiar o metabolismo celular, manter a homeostase dos tecidos, que, como já explanado anteriormente, é a tendência a resistir a mudanças com o propósito de manter um ambiente interno estável e relativamente constante, facilitar a troca de nutrientes e resíduos, regular o equilíbrio de fluidos, apoiar a função imunológica e permitir a comunicação eficaz entre as diferentes partes do corpo. Essas funções garantem coletivamente o bom funcionamento e a saúde dos órgãos e sistemas do nosso corpo.

Tipos: existem três tipos principais de capilares com base em sua estrutura:

- **Capilares contínuos:** são o tipo mais comum, em que as células endoteliais formam um revestimento contínuo, interrompido apenas por pequenas lacunas chamadas fendas intercelulares.

- **Capilares fenestrados:** encontrados em órgãos que requerem troca rápida de moléculas, os capilares fenestrados têm poros (fenestrações) em suas células endoteliais.

- **Capilares sinusoidais:** esses capilares têm um endotélio descontínuo com grandes espaços entre as células, permitindo a passagem de moléculas maiores e até mesmo de células. Eles são encontrados em órgãos como fígado, baço e medula óssea.

Regulação do fluxo sanguíneo: os capilares desempenham um papel importante na regulação do fluxo sanguíneo e da pressão mediante processos como vasodilatação (alargamento) e vasoconstrição (estreitamento), que são controlados por fatores locais, como níveis de oxigênio, pH e atividade metabólica de tecidos.

Leitos capilares: os capilares formam redes intrincadas dentro dos tecidos, chamadas leitos capilares, em que ocorre a troca de nutrientes. Os esfíncteres pré-capilares controlam o fluxo sanguíneo para esses leitos.

Para um profissional de unhas, ter conhecimento básico sobre capilares sanguíneos e compreender a anatomia envolvida é crucial para compreender como os nutrientes e o oxigênio são fornecidos aos tecidos e como os resíduos são removidos deles, apoiando, assim, a função geral dos órgãos e sistemas do corpo.

Doenças de pele

Existem diversos tipos de doenças de pele já descobertas, facilmente diagnosticáveis e tratáveis pela medicina moderna, sendo muito relevante destacar aqui algumas das mais frequentes, lembrando a(ao) profissional de unhas que todo o seu trabalho estará sempre ligado aos cuidados com a pele dos seus clientes, uma vez que as unhas estão intrinsecamente ligadas à pele, e é impossível ignorar esse fato, uma vez que, por exemplo, o hiponíquio e a cutícula fazem parte da pele do corpo.

C4 - 003 Doenças de pele

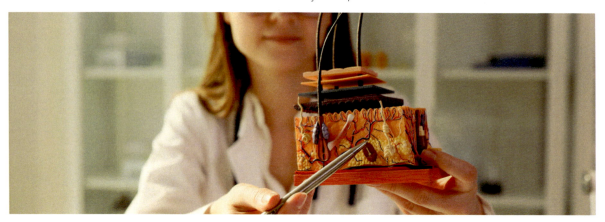

ID: 285194042 © Megaflopp | Dreamstime.com

Doenças de pele comuns

Acne: é uma doença de pele caracterizada por pequenos nódulos, cravos e espinhas.

Eczema: é uma doença inflamatória crônica que pode causar vermelhidão, coceira e descamação da pele.

Psoríase: é uma condição autoimune que leva ao rápido crescimento das células da pele, resultando em manchas espessas e escamosas.

Câncer de pele: o câncer de pele pode se desenvolver devido à exposição excessiva aos raios UV, sendo o melanoma a forma mais grave.

As doenças de pele, também conhecidas como doenças dermatológicas ou cutâneas, abrangem uma ampla variedade de condições médicas que afetam a pele.

Essas condições podem variar em gravidade, sintomas e causas. As doenças de pele podem resultar de infecções, inflamações, respostas autoimunes, fatores genéticos, fatores ambientais ou uma combinação desses fatores. Aqui estão algumas categorias comuns e exemplos de doenças de pele:

Doenças infecciosas da pele

Infecções bacterianas: exemplos incluem impetigo, celulite e foliculite.

Infecções virais: podem incluir herpes (herpes labial), verrugas, herpes zoster e varicela.

Infecções fúngicas: condições como pé de atleta, micose e infecções fúngicas se enquadram nesta categoria.

Infecções parasitárias: sarna e infestações por piolhos são exemplos de doenças de pele causadas por parasitas.

Doenças inflamatórias da pele

Eczema (Dermatite): o eczema é caracterizado por vermelhidão, coceira e inflamação da pele. A dermatite atópica é um tipo comum de eczema.

Psoríase: a psoríase causa rápida renovação das células da pele, resultando em manchas de pele espessadas, escamosas e frequentemente com coceira.

Rosácea: a rosácea causa vermelhidão facial, vasos sanguíneos visíveis e, às vezes, inchaços semelhantes a acne.

Doenças de pele autoimunes

Lúpus (Lúpus Eritematoso Sistêmico): o lúpus pode afetar vários órgãos, incluindo a pele, causando uma erupção cutânea em forma de borboleta no rosto e outros problemas de pele.

Pênfigo: o pênfigo é um grupo de doenças autoimunes raras que causam bolhas e feridas na pele e nas membranas mucosas.

Doenças genéticas da pele

Ictiose: refere-se a um grupo de doenças genéticas da pele caracterizadas por pele seca, escamosa e espessada. A pele pode adquirir textura de escamas de peixe, daí o nome Ictiose (do grego *ichthys*, quer dizer "peixe").

Epidermólise bolhosa: é uma doença genética, hereditária e rara, que provoca a formação de bolhas na pele por conta de mínimos atritos ou traumas e se manifesta já no nascimento.

Cânceres de pele

Carcinoma basocelular: o carcinoma basocelular geralmente aparece como uma protuberância brilhante ou uma mancha vermelha e trata-se do tumor maligno mais comum de todos. Ele causa uma lesão localmente agressiva, mas não entra em processo de metástase. O surgimento desse carcinoma se dá nas células basais, por isso leva esse nome.

Carcinoma de células escamosas: esse câncer de pele pode se manifestar como uma mancha escamosa e avermelhada ou uma protuberância elevada, mas é um tumor maligno, que se inicia na pele ou nos tecidos que revestem ou cobrem os órgãos internos. Trata-se do tipo mais comum de câncer e o que mais atinge pessoas ao redor do mundo.

Melanoma: é uma forma potencialmente mortal de câncer de pele que geralmente começa como uma pinta nova ou com mudança em uma já existente. O melanoma tem origem nos melanócitos (células produtoras de melanina, substância que determina a cor da pele) e é mais frequente em adultos brancos. Pode aparecer em qualquer parte do corpo, na pele ou nas mucosas, na forma de manchas, pintas ou sinais.

Reações alérgicas de pele

Dermatite de contato: a dermatite de contato ocorre quando a pele reage a um alérgeno ou irritante, resultando em vermelhidão, coceira e, às vezes, bolhas.

As reações alérgicas cutâneas, também conhecidas como dermatite de contato, ocorrem quando a pele entra em contato com uma substância que desencadeia uma resposta imunológica em indivíduos sensíveis ou alérgicos a essa substância. Essas reações podem se manifestar como vermelhidão, coceira, inchaço e, às vezes, formação de bolhas ou padrões semelhantes a erupções cutâneas na pele. Existem dois tipos principais de reações alérgicas na pele: a dermatite alérgica de contato e a dermatite de contato irritativa.

Dermatite alérgica de contato

Causas: este tipo de dermatite ocorre quando a pele entra em contato com um alérgeno, que é uma substância à qual a pessoa é alérgica. Os alérgenos comuns incluem certos metais (por exemplo, níquel), látex, fragrâncias, conservantes em cosméticos e vários produtos químicos encontrados em produtos de higiene pessoal.

Sintomas: os sintomas geralmente se desenvolvem de 24 a 48 horas após a exposição e incluem vermelhidão, coceira, inchaço e pequenas bolhas cheias de líquido. A erupção geralmente aparece no local de contato com o alérgeno.

Tratamento: o tratamento envolve evitar o alérgeno, aplicar corticosteroides tópicos para reduzir a inflamação e tomar anti-histamínicos para aliviar a coceira. Casos graves podem exigir medicamentos prescritos.

Dermatite de contato irritativa

Causas: A dermatite de contato irritativa ocorre quando a pele é exposta a uma substância irritante que danifica a camada externa da pele. Ao contrário da dermatite alérgica de contato, esse tipo de reação não envolve uma resposta imunológica e pode resultar da exposição prolongada a substâncias como sabões, detergentes ou produtos químicos agressivos.

Sintomas: os sintomas são semelhantes aos da dermatite alérgica de contato e incluem vermelhidão, coceira, queimação e ressecamento ou descamação da pele.

Tratamento: o tratamento envolve identificar e evitar o agente irritante, usar produtos suaves para a pele e aplicar hidratantes para ajudar a reparar a barreira da pele. Em alguns casos, corticosteroides tópicos podem ser prescritos para controlar os sintomas.

Pontos adicionais importantes sobre reações alérgicas na pele

Teste de contato: para identificar alérgenos específicos que causam dermatite alérgica de contato, um profissional de saúde pode realizar testes de contato. Isso envolve a aplicação de pequenas quantidades de alérgenos potenciais na pele e o monitoramento de reações.

Prevenção: prevenir reações alérgicas na pele envolve evitar o contato com alérgenos e irritantes conhecidos. É importante ler os rótulos dos produtos, escolher produtos hipoalergênicos para a pele, usar roupas de proteção quando apropriado e estar atento a quaisquer substâncias que tenham desencadeado reações no passado.

Cuidados com a barreira protetora da pele

Manter uma barreira protetora na pele por meio hidratação e proteção contra enfermidades e perigos ambientais agressivos ajuda a reduzir ocorrências de reações alérgicas, danos e doenças de níveis variados. Um bom exemplo de cuidados essenciais com a pele é o uso do protetor solar sempre que se expor ao calor do sol.

Procure atendimento médico

Se você suspeitar que foi acometido por uma reação alérgica na pele é essencial consultar um médico dermatologista. Ele pode fornecer um diagnóstico preciso, recomendar o tratamento apropriado e ajudá-lo a identificar e evitar possíveis agravos.

No geral, as reações alérgicas na pele são comuns e podem ser tratadas de forma eficaz com a identificação adequada dos alérgenos, práticas de cuidados com a pele e orientação médica quando necessário.

Doenças crônicas de pele

Hidradenite supurativa: uma condição crônica caracterizada por nódulos e abscessos dolorosos nas axilas, na virilha e nas nádegas.

Vitiligo: o vitiligo é uma doença que se caracteriza pela perda da coloração natural da pele. As áreas afetadas formam-se devido à diminuição ou à perda total dos melanócitos (as células responsáveis pela produção da melanina), pigmento que dá cor à pele.

Melasma: trata-se de uma condição dermatológica que afeta principalmente mulheres e é caracterizado pelo surgimento de manchas escuras na pele, especialmente no rosto. Essas manchas ocorrem devido a um aumento na produção de melanina, o pigmento responsável pela coloração da pele. Fatores como exposição solar excessiva e alterações hormonais, como as que ocorrem durante a gravidez, podem desencadear ou intensificar o melasma. O tratamento envolve o uso de cremes clareadores, procedimentos a laser e medidas para proteção solar.

Pano branco: também conhecido como pitiríase versicolor, é uma infecção fúngica superficial da pele, causada pelo fungo Malassezia. Essa condição resulta na formação de manchas claras ou escuras na pele, muitas vezes acompanhadas por coceira (normalmente a pessoa apresenta manchas escamosas castanhas, marrons, salmão ou brancas). Fatores como clima quente e úmido, transpiração excessiva e sistema imunológico enfraquecido podem contribuir para o desenvolvimento do pano branco.

O tratamento normalmente envolve o uso de antifúngicos tópicos ou orais e a prevenção inclui a manutenção da higiene pessoal e o uso de produtos antifúngicos durante banhos regulares.

Outras condições de pele

Acne: a acne é uma condição comum da pele que envolve a formação de cravos e espinhas.

Ceratose pilar: muitas vezes chamada de "pele de galinha", a ceratose pilar resulta em pequenas protuberâncias ásperas e salientes na pele.

Envelhecimento: à medida que envelhecemos a pele sofre alterações, incluindo a perda de colágeno e de elastina, o que pode causar rugas e flacidez. A exposição aos raios UV e outros fatores ambientais podem acelerar o processo de envelhecimento.

Diversidade: a cor e o tom da pele variam amplamente entre os indivíduos e são influenciados pela genética e pela produção de melanina. É importante celebrar e respeitar a diversidade de tipos e cores de pele.

Foliculite: a foliculite é uma inflamação dos folículos pilosos, geralmente causada por bactérias, fungos ou pelos encravados. Pode se manifestar como pequenas protuberâncias vermelhas, pústulas ou manchas na pele. O atrito, depilação e roupas apertadas contribuem para o desenvolvimento da foliculite. O tratamento varia de acordo com a causa e inclui antibióticos tópicos, antifúngicos ou medidas para prevenir a obstrução dos folículos. Manter uma boa higiene pessoal e evitar irritações na pele são práticas importantes na prevenção da foliculite.

Urticária: de forma geral, é uma condição dermatológica caracterizada pela manifestação de manchas avermelhadas na pele, que normalmente causam coceira e inchaço na região afetada. Os episódios de crise ocorrem devido à liberação de histamina, uma substância que atua na dilatação dos vasos sanguíneos na pele, resultando em inchaço e vermelhidão. Segundo profissionais dermatologistas, a urticária cutânea surge por diversos motivos e apresenta sintomas distintos conforme seu tipo.

Conheça os seis tipos de reações que podem surgir em diferentes áreas do corpo, cada tipo com suas próprias características. Vamos analisar.

Urticária colinérgica: ligada ao nervosismo e a sentimentos fortes, manifesta-se com o aumento descontrolado da transpiração, especialmente em jovens.

Urticária aquagênica: ligada à água, porém não ao calor dela e, sim, à pressão, manifesta-se após banhos de chuveiro.

Urticária crônica: distinta da alérgica, necessita de análise histológica para detectar a origem, causando desconforto e pode persistir por mais de um dia.

Urticária súbita: é fácil de identificar. Ela ocorre devido à sensibilidade exagerada a alimentos, remédios ou substâncias aplicadas na pele, provocando lesões que permanecem visíveis por algumas horas.

- **Urticária por pressão:** também chamada de urticária física, é caracterizada por lesões que surgem quando determinadas áreas do corpo são pressionadas e o contato é interrompido.

- **Urticária de frio ou calor:** é caracterizada por placas vermelhas após exposição a temperaturas extremas, seja após banhos ou em relação à temperatura ambiente. Cada tipo exige abordagens específicas para tratamento e manejo adequados. A urticária induzida por temperaturas extremas, seja o frio ou o calor, é identificada por manchas vermelhas que surgem na pele após a exposição a essas condições. É importante ressaltar que cada tipo requer um tratamento particular e uma abordagem específica para lidar com a situação de forma adequada.

Muitas doenças de pele podem ser controladas ou tratadas com medicamentos, mudanças no estilo de vida ou intervenção médica. Se você suspeitar que está com uma doença de pele não hesite em consultar um médico ou um dermatologista para diagnóstico e tratamento adequados. O diagnóstico e o tratamento precoces muitas vezes podem levar à cura, melhorar os resultados e prevenir a progressão e/ou complicações.

Cuidados com a pele

O cuidado adequado da pele envolve limpar, hidratar e proteger a pele do sol. A escolha dos produtos para a pele deve ser adaptada ao tipo de pele e às preocupações de cada indivíduo.

Manter a saúde da pele envolve alimentação balanceada, hidratação, limpeza regular, proteção solar e evitar fumar e consumir álcool em excesso.

No geral, a nossa pele é um órgão notável e essencial, o qual não só nos protege de ameaças externas como também desempenha um papel vital na nossa saúde e no bem-estar geral. O cuidado e a atenção adequados ajudam a manter sua função e sua aparência ao longo da vida.

Certos produtos e certas práticas para as unhas podem danificar potencialmente a pele ao redor delas se não forem usados corretamente ou se um indivíduo tiver sensibilidade ou alergia a ingredientes específicos. A seguir estão alguns produtos e práticas com os quais você deve ter cuidado para evitar danos à pele.

Produtos e procedimentos de unha que danificam a pele

Embora a busca pela beleza e pela conservação das mãos seja louvável, devemos nos ater aos procedimentos que planejamos executar nas unhas das clientes, visto que muitos deles podem danificar ao invés de cuidar ou embelezá-las. Entre outros cuidados, a recomendação é agir com cautela e NUNCA, mas NUNCA mesmo, iniciar um procedimento antes de uma anamnese completa e bem estudada.

Caso não seja possível chegar a uma conclusão sobre a viabilidade do procedimento no mesmo dia, é preferível comunicar o cliente e postergar o atendimento com agendamento para outro dia, até que uma análise detalhada seja feita e tudo possa ser executado com segurança.

Seguem alguns exemplos de procedimentos comuns, mas que podem causar danos às mãos e às unhas.

Unhas acrílicas e de gel

Embora as unhas acrílicas e de gel deixem as mãos mais atraentes e delicadas por muito mais tempo se comparadas às unhas naturais, esse procedimento envolve o uso de produtos químicos fortes, assim como monômeros acrílicos, fixadores e solventes.

A aplicação ou a remoção inadequada desses produtos pode causar irritação, vermelhidão, descamação da pele ou algo pior, como queimaduras e alergias crônicas.

C4 - 003 Efeitos colaterais

ID: 301492512 © Viktoriia Kotliarchuk | Dreamstime.com

Como modo de prevenção desses efeitos colaterais é essencial que o(a) profissional de unhas esteja inteirado(a) com cada produto que utiliza, e capacitado(a) a aplicar da forma e na quantidade corretas; ainda, é necessário que ele(a) tenha vasta bagagem na função na qual atua, para que possa seguir minuciosamente os procedimentos adequados e seguros para cada produto e cada etapa.

Cola para unhas

A cola é frequentemente usada para fixar unhas artificiais, *nail art* ou reparar unhas quebradas ou danificadas. A aplicação descuidada pode fazer com que a cola entre em contato com a pele, causando irritação ou reações alérgicas de vários níveis de gravidade. Use cola com moderação e, se entrar em contato com a pele, lave-a imediatamente.

Removedor de esmalte

Alguns removedores de esmalte contêm produtos químicos agressivos como a acetona, que podem ressecar a pele ao redor das unhas e torná-la mais suscetível a irritação, vermelhidão e rachaduras. Opte por removedores de esmalte sem acetona, que são mais suaves para a pele.

Alicates e espátulas

O uso indevido de alicates e espátulas de cutículas pode causar cortes, esfolamento e danos ao perioníquio (pele ao redor das unhas). É imprescindível o uso moderado e profissional dessas ferramentas, tendo cuidado e evitando ferir ou empurrar excessivamente a cutícula.

Endurecedores e agentes secantes de unhas

Alguns endurecedores e produtos de secagem rápida para unhas contêm produtos químicos como formaldeído ou tolueno em suas fórmulas, que podem ser bastante agressivos para a pele e para as unhas em si. Policie-se e use-os moderadamente, dando ênfase às instruções do rótulo do produto e ao zelo com a sua saúde e com o bem-estar do cliente.

Adesivos para *nail art*

Adesivos, enfeites e decalques geralmente usam colas fortes. Se esses produtos forem aplicados em exagero ou se houver uma reação alérgica ao produto pode causar irritação e danos à pele.

Extensões de unhas

Extensões de unhas, como acrílicos ou géis, acabam retendo umidade entre a unha e a aplicação, podendo levar a infecções fúngicas ou bacterianas se não forem impermeabilizadas adequadamente. É fundamental manter as unhas e a pele limpas e secas, principalmente por baixo das extensões.

Esmaltes com ingredientes agressivos:

Alguns esmaltes contêm produtos químicos como formaldeído, tolueno e ftalato de dibutila (ftalato de dibutila é utilizado na produção de vernizes, **esmaltes de unha**, colas, tintas, emulsão, produtos de impregnação para têxteis e papéis etc.), que podem ser irritantes para a pele. Procure por esmaltes com rótulos indicando que não contêm componentes químicos prejudiciais.

Reações alérgicas

As reações alérgicas a produtos para unhas, como esmaltes, endurecedores ou adesivos, podem causar vermelhidão, coceira e inchaço na pele, quando não produzem danos bem mais sérios.

Para proteger a pele dos seus clientes ao usar produtos para unhas, considere os seguintes cuidados:

- Trabalhe com marcas confiáveis e de qualidade comprovada.
- Siga atentamente as instruções de uso do produto.
- Faça um teste de contato antes caso o cliente tenha histórico de pele sensível.
- Mantenha uma boa higiene das mãos, incluindo limpar e hidratar regularmente a pele e as unhas.

Se ao fazer uso de algum produto o(a) cliente sentir irritação na pele ou problemas persistentes, recomende a suspensão imediatamente do uso do produto e oriente-o(a) a consultar um dermatologista ou um profissional de saúde para orientação e tratamento.

É obrigação do profissional ficar atento aos procedimentos corretos antes de qualquer procedimento.

Capítulo 5
Manicure – Muito mais do que uma profissão: um dom

Etimologicamente, o termo deriva-se do latim *manus* ("mão") + *curāre* ("cuidar de", "tratar de"), formando a palavra composta *manus curare* ou *cuidado das mãos*.

Segundo o *Dicionário Aurélio*, o termo manicure deriva do francês *manucure* e remete à profissional feminina especializada no tratamento e no embelezamento das unhas das mãos e dos pés. O termo ainda tem variações, tais como "manicura" para a profissional feminina e "manicuro" para o profissional masculino.

Ser manicure envolve muito mais do que simplesmente sentar-se atrás de uma mesa e atender clientes o dia inteiro. Na maioria das vezes, o que está em jogo é a autoestima da pessoa que busca esse serviço, uma vez que as unhas complementam e decoram o visual para ocasiões especiais, como eventos, passeios, viagens, encontros, trabalho etc., fazendo da profissão e da(o) profissional um verdadeiro achado.

Outro ponto interessante é que o(a) profissional de unhas encontra satisfação em ajudar os clientes a se sentirem mimados, animados e confiantes por terem unhas bonitas e bem-cuidadas, trabalho que só as mãos hábeis, em conjunto com a criatividade, o talento e a capacidade de um(a) verdadeiro(a) artista, podem proporcionar, além de transformar um trabalho em algo pessoal, prazeroso e muito gratificante.

Obtenha todas as licenças e/ou autorizações exigidas pelo governo local ou pelo departamento de saúde. Isso geralmente inclui uma licença de cosmetologia ou técnico de unhas, mesmo se você estiver trabalhando em casa.

Trabalhando em casa e sem patrão/patroa

Trabalhar como manicure em casa oferece flexibilidade e comodidade, mas também requer planejamento cuidadoso e cumprimento dos regulamentos. Aqui estão algumas considerações e etapas importantes para estabelecer um negócio bem-sucedido de técnicos de unhas em casa.

Regulamentações: verifique os regulamentos locais e os requisitos de licença para operar um salão de manicure domiciliar. Algumas áreas podem ter padrões específicos de saúde e segurança que devem ser atendidos.

Configurando seu espaço: designe uma área em sua casa para o seu salão de beleza. Ele deve ser limpo, bem iluminado e confortável para você exercer sua profissão e para receber seus clientes.

Certifique-se de ter ventilação adequada para minimizar a exposição aos vapores dos produtos para unhas.

Investir em equipamentos e suprimentos: adquira equipamentos e suprimentos para cuidados com as unhas de alta qualidade, incluindo mesas de manicure, cadeiras, luminárias, esmaltes, ferramentas e materiais de higiene.

Considere produtos ecológicos e não tóxicos se houver demanda em sua área.

***Marketing* e gerenciamento de clientes:** crie uma marca e um logotipo profissionais para o seu salão de beleza doméstico.

Construa uma base de clientes por meio de boca a boca, mídia social, publicidade local e *networking* com amigos, familiares e grupos comunitários.

Use sistemas de reservas on-line ou aplicativos de agendamento para gerenciar compromissos com eficiência.

Protocolos de saúde e segurança: siga práticas rigorosas de higiene e saneamento para prevenir infecções e garantir a segurança do cliente. Isso inclui o uso de ferramentas esterilizadas, desinfecção de superfícies entre clientes e manutenção de toalhas e lençóis limpos.

Forneça aos clientes informações sobre cuidados posteriores e práticas de higiene para a manutenção das unhas entre as consultas.

Experiência e serviços do cliente: ofereça uma variedade de serviços, como manicure, pedicure, *nail art* e unhas de gel, dependendo de suas habilidades e de sua formação.

Personalize a experiência dos clientes, oferecendo *designs* de unhas personalizados ou acomodando preferências específicas.

Desenvolvimento profissional: mantenha-se atualizado sobre as tendências do setor, novas técnicas e produtos para o cuidado das unhas por meio de *workshops*, cursos on-line ou eventos do setor.

Mantenha sua licença de cosmetologia ou técnico de unhas por meio dos requisitos de educação continuada, se aplicável em sua área.

Começar um negócio de unhas em casa requer planejamento cuidadoso, dedicação para manter altos padrões de higiene e atendimento ao cliente e conformidade com as regulamentações locais. Ao criar um ambiente acolhedor e profissional você constrói uma base fiel de clientes e aproveita a flexibilidade de trabalhar em casa.

Atendimento ao cliente, o segredo do sucesso

Coisa boa é entrarmos em um estabelecimento e sermos recebidos como se fôssemos a coisa mais importante naquele momento e naquele local, não é mesmo? Na verdade, é isso que nós somos. Ou seja, a coisa ou o ativo mais importante para qualquer empresa que se preze.

C5 - 001 Atendimento ao cliente

ID: 183171247 © Fizkes | Dreamstime.com

"Um cliente é o mais importante visitante das nossas instalações. Ele não depende de nós, nós é que dependemos dele. Sua chegada não é uma interrupção no nosso trabalho, é a finalidade dele. Não é um estranho no nosso negócio, faz parte dele. Ao servi-lo, não estamos lhe fazendo um favor, é ele quem nos faz um favor ao nos dar uma oportunidade para o servirmos" (Kenneth B. Elliott)

Partindo da frase que diz: "Há clientes sem empresa, mas não é possível existir empresa sem clientes", afirmo que o atendimento, principalmente com um novo cliente, é uma das etapas mais importantes de todo o processo de venda de serviços e/ou produtos em todos os segmentos. Com a acirrada concorrência que todos enfrentam no dia a dia comercial, apenas ter bons produtos e prestar serviços de primeira não é mais o suficiente. É preciso saber como humanizar o diálogo e se colocar no lugar da pessoa ao atender um cliente.

No mundo digital de hoje, por meio do aparelho celular, por exemplo, todo mundo pode ter acesso a informações com agilidade e riqueza de detalhes. Qualquer um pode consultar preços, formas de pagamento, variedade, marcas, reputação, localização, trajeto e muitos outros detalhes sobre um determinado produto, serviço ou estabelecimento comercial.

O cliente sempre irá buscar por empresas que, além de preço e produto, ofereçam um relacionamento humanizado, dispondo de agilidade, real interesse, profissionalismo, modernidade e presteza na solução de seus problemas ou na realização dos seus desejos.

Não dá mais e não há mais espaço no mercado para o comerciante que ainda aplica a metodologia arcaica que considerava que o cliente necessitava exclusivamente do seu produto ou serviço como se ele fosse (copiando uma expressão moderna) "a última bolacha do pacote".

Complementando o que comentei até aqui, os clientes modernos estão exigindo cada vez mais antes de decidirem efetuar uma compra ou uma contratação. Eles estão mais críticos e com um perfil bem articulado, ou seja, estão "antenados" e sempre por dentro dos preços de mercado, marcas em ascensão e outras informações mais. Estão dispostos a se relacionarem com as empresas por intermédio de diversos canais de comunicação, de maneira integrada, e com isso planejam suas compras, orçam e comparam valores de vários fornecedores, pesquisam sobre praticamente tudo e estão sempre prontos para indagar e pechincharem por melhores preços e condições de pagamento.

Em resumo, toda essa facilidade em conseguir informações e se inteirar sobre praticamente tudo que pode ou não ser adquirido tende a aguçar o objetivo do consumidor moderno de ser atendido com qualidade, eficiência e rapidez, de modo que suas necessidades sejam satisfeitas, suas demandas supridas e seus interesses realizados. Uma coisa é certa:

diante desse cenário de fartura de informações, as boas práticas de atendimento, quando mantidas e levadas a sério, proporcionarão grandes chances de destaque frente aos concorrentes.

Lembre-se que os consumidores modernos não mais se satisfazem apenas com bons produtos e excelência na prestação de serviços. Eles buscam por experiências exclusivas, únicas, marcantes e inesquecíveis no fascinante processo de pesquisa e compra.

Como atender bem a(o) cliente?

Prestar um bom atendimento ao cliente é essencial para construir relacionamentos comerciais duráveis e sólidos, promovendo fidelidade e garantindo o sucesso e a boa reputação de um negócio.

C5 - 002 Como atender bem o(a) cliente

ID: 219454293 | Client © Fizkes | Dreamstime.com

Seguem alguns princípios e dicas que julgo importantes e que mostrarão um norte a seguir para se obter sucesso na arte do atendimento com excelência.

Escuta ativa

- Preste muita atenção às necessidades e às preocupações dos clientes.
- Evite interromper ou fazer suposições.
- Esclareça e confirme o entendimento resumindo o que o cliente disse.

Empatia:

- Mostre compreensão e compaixão pela situação do cliente.
- Reconheça seus sentimentos e suas emoções.
- Use frases como "Eu entendo como você se sente" ou "Estou aqui para te ajudar".

Atitude positiva:

- Mantenha uma atitude amigável e otimista.
- Aborde as interações com uma mentalidade positiva.
- Sorria, mesmo em comunicação telefônica – por incrível que pareça, o sorriso pode ser notado em sua voz e em suas palavras.

Comunicação eficaz:

- Transmita informações de forma clara, objetiva e concisa.
- Utilize uma linguagem de fácil compreensão, evitando jargões ou palavras muito técnicas ou em desuso.
- Faça perguntas com sentido amplo para incentivar a conversa e absorver mais informações do diálogo; evite encurtar o assunto com "sim" ou "não" apenas.

Paciência:

- Seja paciente, especialmente ao lidar com clientes frustrados com outras empresas ou confusos.
- Evite apressá-los ou pressioná-los a tomarem decisões rapidamente.
- Um dos piores métodos de venda é forçar uma.

Resolução de problemas:

- Trabalhe ativamente para resolver problemas e/ou preocupações dos clientes.
- Busque soluções que atendam às necessidades e às expectativas do cliente. Nunca invente desculpas se conhece os meios de solucionar problemas.
- Envolva outros departamentos ou colegas que sejam relevantes para ajudá-lo(a) quando necessário.

Conhecimento:
- Esteja bem-informada(o) sobre seus produtos, serviços e políticas da empresa.
- Mantenha-se atualizada(o) sobre as tendências e as mudanças do setor.
- Ofereça informações precisas, verdadeiras, seguras e úteis.

Oportunidade:
- Responda prontamente às dúvidas dos clientes, seja por telefone, e-mail, *chat* ou interações pessoais.
- Estabeleça expectativas realistas para o tempo de resposta e cumpra os compromissos.

Personalização:
- Dirija-se aos clientes pelo nome sempre que possível. Todos nós amamos quando somos tratados pelo nosso nome. Tratar o cliente pelo nome demonstra real interesse pela sua causa.
- Adapte suas respostas e suas recomendações às suas necessidades e preferências específicas.

Propriedade:
- Assuma a responsabilidade pela resolução dos problemas, mesmo que você não seja o responsável direto por ele.
- Evite repassar o cliente para outros departamentos sem antes dar a devida atenção e assistência.

***Feedback* e melhoria:**
- Incentive seus clientes a fornecerem *feedback*.
- Use o *feedback* dos clientes para identificar áreas passíveis de melhoria em seus produtos ou serviços.
- Aprenda e atualize-se continuamente com base nas informações dos seus clientes.

Agradecimento:
- Expresse gratidão pelo negócio fechado e/ou pela fidelização do cliente.
- Ofereça promoções, descontos, cortesias ou ofertas especiais como forma de agradecimento.

Resolução de Conflitos:
- Resolva conflitos e reclamações com calma, entendimento, mansidão e profissionalismo.

- Procure soluções mutuamente aceitáveis e tangíveis.
- Peça desculpas quando necessário e tome medidas para evitar problemas semelhantes no futuro.

Treinamento e desenvolvimento:

- Invista em programas de treinamento e desenvolvimento para sua equipe de atendimento.
- Mantenha sua equipe informada sobre atualizações e novas ofertas da empresa.
- Capacite sua equipe no conhecimento pleno dos produtos e procedimentos da empresa, para que as respostas não sejam duvidosas ou evasivas mediante uma pergunta do cliente.

Consistência:

- Esforce-se para obter consistência no atendimento ao cliente em todos os pontos de contato e interações.
- Garanta que todos os membros da equipe sigam a mesma forma e o mesmo alto nível de atendimento.

Lembre-se de que um bom atendimento ao cliente é um compromisso contínuo. Ao aplicar consistentemente esses princípios e procurar continuamente formas de melhorá-lo, isso criará uma impressão positiva e duradoura em seus clientes, melhorando a sua experiência geral e contribuindo para o sucesso do seu negócio.

Ações para o cliente não voltar nunca mais

Com toda a certeza, é possível que você tenha passado por situações desagradáveis com algum estabelecimento comercial, levando-a(o) a dizer: "Jamais voltarei a frequentar este lugar". No entanto, já parou para refletir se os consumidores do seu empreendimento estão tendo o mesmo pensamento?

Frequentemente, porém, embora muitas vezes sem saber, funcionários tomam decisões (palavras, frases, gestos) que afastam os clientes para sempre do estabelecimento. Essas decisões geralmente são reflexo da falta de preparo da equipe.

É interessante e muito importante entender que nem sempre, para o cliente não retornar, o vendedor não precisa agir com grosseria. A debandada dos clientes muitas vezes está relacionada ao atendimento não corresponder às expectativas deles ou uma palavra ou ação ter sido interpretada como inadequada e não propriamente ofensiva.

E então? Qual seria a solução para esse problema considerando que frequentemente o funcionário desconhece que por causa dele o cliente colocou a empresa na "lista negra"? A maneira mais eficaz é uma gerência mais envolvida no dia a dia da empresa, desde a recepção até o atendimento final.

É de fundamental importância também que o proprietário ou gerente esteja próximo e atento para entender de antemão as expectativas do cliente e já ir preparando os envolvidos no processo para que tudo saia como almejado, pois é isso que realmente importa, que orienta.

Qual empresário deseja que os clientes se afastem do seu estabelecimento? Nenhum, não é mesmo? Por essa razão, confira agora uma lista contendo as falhas mais comuns que afastam os clientes do seu negócio, e procure evitá-las a todo custo.

Rejeitar atender o cliente

Frequentemente, os consumidores buscam companhias que não estão direcionadas para o seu perfil. Nesse caso, muitas empresas tentam fazer os clientes se afastarem, porém não expressam de forma sábia e educada que ele deveria buscar atendimento em outro local que melhor o atenderia.

O resultado é certo: o cliente sai constrangido, fala mal da empresa e nunca mais põe os pés ali. Muitas empresas agem assim quando não se interessam pelo que o cliente procura. Elas não os querem lá, não avisam e fazem de tudo para espantá-los de qualquer maneira.

Na minha opinião, é muito mais prudente, humano e profissional se a empresa for transparente e demonstrar interesse em ajudar a pessoa a alcançar seu objetivo, ainda que apenas com uma informação, dando-lhe um norte e até indicando uma empresa que possa atendê-la.

Devemos sempre lembrar que essa pessoa pode um dia se enquadrar no seu público-alvo no futuro ou conhecer alguém que já esteja enquadrado e que poderá ser um cliente em potencial.

Não ouvir as necessidades do cliente

Vamos supor que o seu negócio não se enquadra no exemplo anterior. Em outras palavras, sua empresa quer que o cliente fique e compre. Um dos principais erros nesses casos é não ouvir as necessidades do cliente e, pior ainda, oferecer algo que ele não necessita e não quer comprar.

Esse é um dos erros mais chatos de suportar e um dos mais frequentes. Você vai ao salão procurando, por exemplo, por unhas de fibra de vidro. Por não ter o produto ou não trabalhar com o que você deseja, a atendente insiste para que você aceite outro tipo de alongamento. Você, é claro, não gosta da insistência e se aborrece. E, então, é bem possível que você não volte mais. Pior do que isso, não volte e incentive seus amigos a não irem nesse salão.

Porém não faz sentido culpar apenas o vendedor. Normalmente, uma má atitude é resultado da falta de treinamento e da pressão exercida sobre o profissional, que está desesperado para capitar clientes e vender. Por isso e por outros motivos, invista na capacitação da sua equipe.

Não respeitar o tempo de análise do cliente

Acredito que todo mundo já viu ou passou por isto: um cliente está observando um par de sapatos que está na vitrine. O vendedor, então, sem perder tempo e louco para vender, chega até a porta e pergunta: "Gostou de alguma coisa? Posso ajudá-lo(a)?". Como não houve tempo nem de visualizar direito os modelos existentes e se sentindo na obrigação de comprar algo, o cliente desiste e acaba por dar uma resposta evasiva, do tipo: "Estava só olhando".

Muitas vezes, a abordagem preliminar no tempo certo termina em venda. O vendedor deve saber que as pessoas querem tomar a decisão de comprar ou não comprar por elas mesmas, sem o auxílio do(a) vendedor(a). Por isso, muitas vezes é melhor esperar o momento certo para se aproximar do que ceder à ansiedade.

No salão de beleza é um pouco diferente, mas segue o mesmo princípio: o cliente é autônomo e deve ser atendido no seu tempo, lembrando que cada pessoa tem um jeito de ser, que se reflete em seu tempo de escolha e compra. Isso vale para produtos ou serviços, homens e mulheres.

Oprimir o cliente

Lojas com ambiente opressivo, em que os vendedores parecem olhar para o cliente como se estivessem esperando para atacar, não são os ambientes mais acolhedores. Você pode apostar que muitas pessoas que vão a esses lugares nada compram e, pior, nunca mais voltam.

Se o cliente se sentir pressionado a comprar, quer dizer claramente que o método de abordagem não está funcionando. Isso acontece muitas vezes em lojas em que há rotatividade de vendedores e onde a remuneração é baseada em um salário-base mais comissão por vendas. Nesse sistema, o vendedor odeia o cliente que chega e não compra nada. É claro que esse cliente se sentirá mal, uma vez que, por mais que se esforce, raramente o vendedor não deixa transparecer sua ansiedade.

Como profissional de unhas, se o(a) cliente chegar no seu salão, indagar sobre os serviços disponíveis e, por fim, disser que num outro momento voltará, agradeça-o(a), seja simpático(a), pois se for bem atendido nesse primeiro contato, certamente ele voltará e ainda recomendará o salão a outras pessoas.

Não ter pleno conhecimento dos serviços prestados

Na era da internet e da facilidade de pesquisa por produtos e serviços, é bem comum de acontecer o cliente fazer sua busca antes de procurar um estabelecimento comercial. Nesses casos, às vezes o cliente acaba sabendo mais do que o vendedor sobre o produto daquela empresa e os da concorrência.

A situação é frustrante para o cliente, que pode decidir simplesmente não voltar mais quando não encontra alguém que tenha mais conhecimento e mais informações do que ele próprio. Acontece que as empresas não têm a preocupação em capacitar a fundo seus funcionários sobre os serviços ou os produtos comercializados. Elas publicam seus produtos na internet, mas não capacitam seus vendedores e atendentes a falarem com desenvoltura sobre cada item. Em resumo, as empresas não cultivam o hábito de olharem o processo de compra e venda com os olhos do cliente.

Não investir no conhecimento dos clientes

Caso você preste um determinado serviço de unhas e os seus concorrentes também, pode ser que seus clientes não voltem mais ao seu salão caso percebam que a experiência oferecida em outro lugar é melhor e mais interessante que a sua.

Cada vez fica mais importante investir na experiência do cliente. Muitas vezes é isso que o faz decidir de quem comprará. Isso significa que vale a pena investir em equipamentos modernos, silenciosos e eficientes, manter o ambiente aconchegante e até oferecer um cafezinho expresso na recepção e/ou pré-atendimento, por exemplo. Detalhes como esses podem fazer a diferença entre um cliente que volta e um cliente que não aparece nunca mais.

Ignorar o pós-venda

Um equívoco recorrente é quando o empreendedor negligencia o acompanhamento pós-venda. Isso é quase imaginar que dependerá do cliente uma só vez. É essencial compreender que manter clientes satisfeitos é crucial para o sucesso do empreendimento e tão importante quanto captar novos.

São frequentes os casos em que os clientes enfrentam dificuldades para entrar em contato com a empresa quando desejam fazer uma reclamação, o que torna imprescindível disponibilizar canais apropriados para esse tipo de situação. É crucial compreender que uma empresa que não se dedica a atender as reclamações está destinada a perder clientes e até mesmo a fechar as portas.

Quando realizar um procedimento estético de unha, ao agendar a próxima manutenção sempre ressalte que, caso necessário, a(o) cliente poderá entrar em contato e que você terá prazer em auxiliá-la(o). O resultado da atenção ao pós-venda é a fidelização.

Desqualificar a reclamação do cliente

Mesmo após uma venda, é comum que o cliente encontre resistência quando vai fazer uma observação ou uma reclamação sobre o serviço executado.

Na maioria das vezes, uma série de desculpas com frases com significados diretos ou indiretos dizem que o cliente está errado. No mundo comercial moderno em que vivemos, toda empresa que se preza deve se ater ao conceito de que mesmo que não tenha razão elegível, um(a) cliente nunca poderá ser ignorado(a) ou desqualificado(a) por reclamar. Você precisa ouvir o seu cliente dando-lhe a máxima atenção e explicar tudo detalhadamente, possibilitando a ele o entendimento pleno da situação.

Imagine que após o procedimento, a(o) cliente entre em desespero por estar com dúvidas sobre a cor escolhida por ela(ele) mesma(o). Então é preferível se dispor a trocar a cor do esmalte do que deixá-la(o) ir sem estar completamente satisfeita(o).

Não ter um atendimento virtual efetivo e eficaz

Com o desenvolvimento do comércio eletrônico, os serviços virtuais tornaram-se abundantes e já fazem parte do cotidiano de todos.

Se um cliente tiver uma reclamação e ligar para a empresa que prestou o serviço, é importante que a pessoa do outro lado da linha saiba como responder à solicitação. O cliente quer entrar no site, Instagram, Facebook etc., apertar alguns botões e comprar instantaneamente; porém, caso haja um problema, ele quer falar com alguém que possa resolver o seu caso, tratando-o pelo seu nome.

Na maioria das empresas, os *call centers* estão despreparados e desprovidos da humanização e de profissionais capacitados para um atendimento de qualidade. A falta de atenção com os meios de conexão cliente/empresa irrita – e com razão – a clientela e pode criar problemas para a marca, pois é bem provável que o cliente reclame na internet, em canais como Reclame aqui, Reviews do Google, Procon e outros.

Trate os clientes do seu salão como a parte mais importante da sua empresa. Lembre-se: clientes sem empresas existem, já empresas sem eles não.

Negar-se ou dificultar troca, reposição e/ou devolução

Quando um(a) cliente, por algum motivo, precisa trocar um produto ou refazer um serviço, ele(a) pode ter surpresas muito desagradáveis e acaba decidindo não voltar mais ao estabelecimento.

Muitas empresas criam obstáculos enormes e só fazem a troca se o cliente retornar na mesma semana, se o defeito for comprovado nos mínimos detalhes, só com apresentação do recibo, não ter descartado a embalagem original etc.

Aos olhos do(a) cliente, o estabelecimento está achando que ele(a) está tentando enganar, usando o produto e depois devolvendo. Já o vendedor por não gostar por achar que o cliente está tomando seu tempo e ele deixando de faturar. Realmente, uma visão míope da arte de comercializar e de tratar bem, pois trocar um produto que não caiu bem ou não serviu é direito do consumidor garantido por lei.

O resultado é a perda da oportunidade de manter aquele cliente, uma vez que lança mão de um tratamento fora dos padrões aceitáveis.

O(a) cliente resolveu de última hora trocar a cor do esmalte depois de já ter pintado metade das unhas. Demonstre prazer verdadeiro em refazer tudo do jeito que ele(a) quer. Essa compreensão e dedicação produzirá frutos no tempo certo. Pode acreditar.

Profissional feliz é igual a cliente satisfeito

Definitivamente, é impossível prestar um bom serviço ou ter um bom dia de trabalho se nossa vida fora do ambiente profissional está um verdadeiro caos. *A priori*, devemos entender e aceitar que todos nós passamos por crises e problemas, seja no âmbito pessoal, financeiro, familiar, problemas de saúde e outros mais. Inúmeras são as razões que surgem e nos fazem perder o sorriso no rosto, perder a paz e o sono, e ainda acabam por nos abalar física e mentalmente, quer permitamos, quer não.

C5 - 003 Profissional feliz

ID: 57385634 | Client © Wavebreakmedia Ltd | Dreamstime.com

Conquistar uma vida feliz e plena é uma jornada com vários revezes e profundamente pessoal, assim, o que traz felicidade varia de pessoa para pessoa. No entanto, existem alguns princípios e práticas universais que podem contribuir para uma vida mais feliz. Aqui estão alguns passos para ajudá-lo a cultivar a felicidade e o bem-estar:

Relacionamentos positivos:

- Construa e cultive relacionamentos que agreguem valores a você e aos seus propósitos, seja com amigos ou entes queridos.
- Cerque-se de pessoas que te inspiram.
- Invista tempo em conexões significativas e priorize momentos de qualidade com seus familiares.

Pratique a gratidão:

- Reflita regularmente sobre as coisas pelas quais você é grato em sua vida.
- Mantenha um diário de gratidão para registrar experiências positivas e momentos de gratidão.
- Expresse agradecimento aos outros por sua gentileza e seu apoio.

- Se você crê em Deus, ore a Ele dando-lhe graças pelo que você já tem.

Promova a autocompaixão:

- Seja gentil e compassivo consigo mesmo. Trate-se com o mesmo cuidado e a mesma compreensão que você ofereceria a um amigo ou aos seus clientes.
- Pratique a autoaceitação e perdoe-se pelos erros do passado e diários. Todos nós erramos o tempo todo.

Definir e perseguir metas significativas:

- Identifique e busque metas que se alinhem com seus valores e paixões.
- Divida suas metas maiores em etapas menores e tangíveis em menor tempo.
- Não espere o final da jornada para se sentir vitorioso. Comemore suas conquistas ao longo do caminho. A cada etapa, festeje e agradeça.

Fale com seu/sua superior:

- Caso esteja passando por um momento difícil em qualquer âmbito que seja, conte ao/à seu/sua gestor(a). Ele/ela pode não conseguir ajudá-lo(a), mas vai conseguir apoiá-lo(a) caso seja preciso tomar alguma decisão.

Pratique meditação e concentração:

- Concentre-se no aqui e no agora em vez de ficar pensando no passado ou se preocupar com o futuro.
- Cultive uma atitude de consciência sem julgamento.

Cuide da sua saúde física:

- Priorize o exercício regular para melhorar o seu humor, reduzir o estresse e melhorar o bem-estar geral.
- Mantenha uma dieta balanceada, mantenha-se hidratado e durma o suficiente.
- Atenda às suas necessidades de saúde e, quando necessário, visite seu médico de confiança.

Envolva-se em atividades que você gosta:

- Reserve tempo para hobbies e atividades que lhe tragam alegria e realização.
- Explore novos interesses e novas paixões que despertem o seu entusiasmo.

Retribua e seja voluntário:

- Praticar atos de bondade e ajudar o próximo pode aumentar seu senso de propósito e felicidade.
- Seja voluntário em causas importantes para você ou participe de serviços comunitários.

Gerenciar o estresse:

- Desenvolva técnicas eficazes de gerenciamento de estresse, como respiração profunda, meditação ou ioga.
- Priorize o autocuidado e o relaxamento para evitar o esgotamento.

Cultive a resiliência:

- Aceite que desafios e contratempos fazem parte da vida.
- Concentre-se em construir sua resiliência, aprendendo com as adversidades e se recuperando mais forte.

Abrace a positividade:

- Promova uma mentalidade positiva desafiando pensamentos negativos e substituindo-os por outros mais otimistas.
- Cerque-se de positividade por meio de livros, músicas e mídias inspiradoras.

Procure ajuda profissional quando necessário:

- Se você está enfrentando a sensação de infelicidade, ansiedade ou depressão persistentes, procure o apoio de um profissional de saúde da área. Não se considere completamente capaz por si só, todos precisamos de ajuda um dia.

Viva em alinhamento com seus valores:

- Identifique seus valores essenciais e faça escolhas que se alinhem com eles.
- Viver uma vida fiel aos seus valores pode levar a um senso de propósito e realização.

Lembre-se de que a felicidade é uma jornada e é normal passar por altos e baixos. O importante é desenvolver resiliência e adotar hábitos positivos que contribuam para o seu bem-estar. Dê pequenos passos todos os dias em direção ao seu alvo maior e seja paciente consigo mesmo enquanto segue incessante na grande e maravilhosa odisseia que é a vida.

Funcionário ou colaborador?

Quem são os empregados e os colaboradores do seu empreendimento? Qual seria a diferença entre eles ou seriam a mesma coisa, sinônimos? Dado que ambos desempenham uma função em um estabelecimento comercial e frequentemente realizam tarefas conjuntas, pode parecer que são realmente sinônimos, mas isso não é verdade.

O funcionário

O conceito de funcionário pode ser entendido como um indivíduo que desempenha uma função em uma organização e recebe uma remuneração mensal. Em outras palavras, é o indivíduo que simplesmente segue a rotina de registrar ponto todos os dias, respeitar os horários de entrada e saída e está tudo certo. O empregado não se envolve nem contribui para o progresso ou expansão da empresa em que trabalha, sendo sua função apenas cumprir suas obrigações laborais e receber o salário adequado.

O colaborador

Esse conceito está diretamente associado ao funcionário dedicado, ao profissional que se dedica intensamente ao bem-estar produtivo e econômico e ao desenvolvimento geral da organização em que atua. O colaborador é aquele que busca mais do que apenas registrar ponto duas ou quatro vezes por dia, cumprir ordens ou realizar um trabalho mecânico e sem paixão; na realidade, ele(a) deseja fazer a diferença em sua função e ter uma experiência profissional e pessoal bem-sucedida. O(a) colaborador(a) é quem realmente deseja cooperar (ou colaborar) e impulsionar o negócio, pois se vê como parte integrante dele, o que, de fato, o é.

Funcionários e colaboradores – A alma da empresa

Você já imaginou chegar de manhã na padaria e não ter ninguém para atendê-lo(a)? Não tem balconista, nem caixa, nem padeiro. Então você sai e vai ao mercadinho comprar o café da manhã e, ao chegar lá, não encontra ninguém trabalhando, nem a moça da padaria, nem o moço do açougue, nem a faxineira que limpa tudo bem cedinho; ninguém, absolutamente ninguém.

Agora imagine essa cena se repetindo nos hospitais, na barbearia, nos salões de beleza, nas farmácias, nas delegacias, na floricultura e em outros locais mais. Isso nos faz perceber que sem funcionários nenhum estabelecimento comercial poderia funcionar. E com esse raciocínio entendemos que os funcionários são a alma de qualquer empreendimento e merecem e devem ser respeitados.

De patrão para empregado – Como tratar funcionários e colaboradores?

Tratar bem seus funcionários é essencial para criar um ambiente de trabalho positivo e produtivo, promover a satisfação deles e, em última análise, alcançar o sucesso na sua organização.

C5 - 004 De patrão para empregado

ID:141680119 © Fizkes | Dreamstime.com

Aqui estão alguns princípios e práticas fundamentais para tratar seus funcionários com dignidade, respeito e justiça:

Respeito e valorização:

- Demonstre respeito pelos seus colaboradores como indivíduos, valorizando suas contribuições e perspectivas.

- Expresse apreço pelo seu trabalho árduo e por sua dedicação, seja através de reconhecimento verbal, pequenos gestos ou programas formais de agradecimento remunerado.

Comunicação eficaz:

- Mantenha canais de comunicação abertos e transparentes com seus funcionários.
- Ouça ativamente seus comentários, suas preocupações e suas ideias e, em troca, forneça *feedback* construtivo e oportuno.
- Garanta que informações, mudanças e decisões importantes sejam comunicadas de forma clara e apropriada.

Justiça e equidade:

- Trate todos os funcionários de forma justa e equitativa, independentemente da origem, da identidade ou da posição dentro da organização.
- Implemente políticas, procedimentos e práticas de remuneração justas e imparciais de RH.
- Aborde a discriminação e o assédio sexual no local de trabalho de forma legal, rápida e eficaz.

Empoderamento e autonomia:

- Incentive a autonomia e o empoderamento dos funcionários, dando-lhes grau de controle e responsabilidade sobre seu trabalho.
- Confie nos funcionários para tomar decisões dentro de suas áreas de responsabilidade e forneça o suporte e os recursos necessários.

Reconhecimento e recompensas:

- Reconheça e recompense seus funcionários por suas conquistas e contribuições, principalmente aos que se destacam além das suas funções.
- Considere incentivos, promoções, bônus e outras formas de reconhecimento baseados no desempenho para motivar e reter os melhores talentos.

Equilíbrio entre a vida profissional e a pessoal:

- Promova um equilíbrio saudável entre a vida pessoal e a profissional, oferecendo regimes de trabalho flexíveis, horários de trabalho razoáveis e folga remunerada.
- Incentive os funcionários a aproveitarem bem e de modo seguro e saudável suas férias, folgas e recessos de feriados para recarregar as energias e evitar o esgotamento físico e mental.

Desenvolvimento profissional:

- Invista no crescimento e no desenvolvimento profissional dos seus colaboradores.
- Sempre que possível, ofereça oportunidades de cursos e treinamento, desenvolvimento de habilidades e progressão na carreira.
- Apoie a aprendizagem continuada e o aprimoramento de habilidades.

Segurança e bem-estar:

- Priorize a segurança no local de trabalho e crie um ambiente física e emocionalmente seguro.
- Forneça recursos e apoio para o bem-estar físico e mental dos funcionários.
- Aborde imediatamente quaisquer preocupações ou perigos de segurança.

Resolução de conflitos:

- Estabeleça procedimentos claros para resolução de conflitos e lide com disputas internas de maneira justa e respeitosa.
- Incentive o diálogo aberto e a mediação sempre que necessário.

Inclusão e diversidade:

- Promova um local de trabalho inclusivo, em que funcionários de diversas origens, experiências e perspectivas sejam valorizados e ouvidos.

- Implemente iniciativas de diversidade e inclusão para promover um sentimento de igualdade e equidade.

Liderança pelo exemplo:

- Seja o exemplo, demonstrando os mesmos comportamentos e as mesmas atitudes que você espera dos seus colaboradores.
- Demonstre integridade, responsabilidade e ética profissional.

Feedback e melhoria:

- Incentive seus funcionários a fornecerem *feedback* ao RH com opiniões sobre o local de trabalho e que sugiram melhorias para avaliação.
- Aja de acordo com o *feedback* recebido, fazendo, na medida do possível, as mudanças necessárias e melhorando continuamente o ambiente de trabalho.

Conflito de interesses e concorrência leal:

- Garanta que seus funcionários estejam cientes e cumpram os padrões éticos, incluindo políticas de conflito de interesses e práticas de concorrência leal no ambiente de trabalho.

Reconhecimento de eventos de vida pessoal:

- Reconheça e apoie seus funcionários durante eventos significativos da vida pessoal deles, como casamentos, nascimentos, doenças e lutos.

Envolvimento da comunidade:

- Envolva-se, juntamente à sua empresa, em serviços comunitários da região. Apoie entidades filantrópicas sérias e busque conscientizar e comprometer os funcionários na retribuição à comunidade para o bem comum.

Tratar bem seus funcionários não só contribui para a satisfação deles no trabalho. Essa atitude também aumenta o compromisso de cada um deles com a sua empresa, culminando em aumento da produtividade, menor rotatividade (troca de funcionários) e uma cultura empresarial positiva.

É importante adaptar a sua abordagem às necessidades e aos valores específicos da sua força de trabalho, uma vez que diferentes indivíduos e gerações podem ter expectativas e preferências variadas em relação à forma de serem tratados no local de trabalho.

Como ser um bom funcionário?

Ser um bom funcionário é essencial para o sucesso pessoal, para o crescimento na carreira e para contribuir positivamente para a sua organização. Seguem alguns princípios e algumas práticas fundamentais que podem ajudá-lo a se destacar em sua função e ser um ativo valioso para seu empregador.

C5 - 005 Como ser um bom funcionário?

ID:14175130 | Good © Wavebreakmedia Ltd | Dreamstime.com

Ética de trabalho:

- Demonstre uma forte ética de trabalho sendo pontual, confiável e comprometido com seu trabalho.

- Mostre dedicação e vontade de se esforçar para concluir as tarefas de forma eficaz e eficiente.

Profissionalismo:
- Mantenha sempre uma atitude profissional, tanto no comportamento como na aparência.
- Defenda as políticas, a ética e os valores da empresa em suas interações e tomadas de decisão.

Manter o foco e minimizar as distrações no trabalho é essencial para a produtividade e para manter um alto nível de desempenho. Use estratégias para ajudá-lo a evitar distrações e permanecer no caminho certo. Vejamos algumas dicas:

Crie um espaço de trabalho livre de distrações:
- Designe um espaço de trabalho limpo e organizado, livre de desordem desnecessária.
- Remova ou minimize distrações, como itens pessoais, mídias sociais ou materiais de trabalho não relacionados.

Estabeleça metas e prioridades claras:
- Comece o dia definindo suas Tarefas Mais Importantes (TMIs) ou principais prioridades do dia.
- Concentre-se em concluir essas tarefas antes de passar para trabalhos menos importantes ou secundários.

Gerencie o tempo:
- Tempo é dinheiro – Use técnicas de gerenciamento de tempo, como a Técnica Pomodoro, para estruturar sua jornada de trabalho diário.
- Fracione grandes tarefas em blocos menores que tomem menor tempo, proporcionando, assim, um trabalho focado.

Priorize tarefas:
- Identifique as tarefas mais importantes e urgentes e as resolva primeiro.
- Use ferramentas de gerenciamento de tarefas ou listas de tarefas para controlar suas prioridades.

Limitar multitarefa:
- A multitarefa pode reduzir a produtividade e aumentar os erros. Concentre-se em uma tarefa de cada vez para obter melhores resultados.
- Alternar entre tarefas pode levar à fadiga cognitiva e à diminuição da concentração.

A Técnica Pomodoro ("Técnica do Tomate", em italiano), criada nos anos 80 por Francesco Cirillo, baseia-se na ideia de que dividindo o nosso fluxo de trabalho em blocos de concentração intensa conseguimos melhorar a agilidade do cérebro e estimular nosso foco. Em outras palavras, melhoramos nossa gestão do tempo e ficamos mais eficientes.

Gerenciar e-mail e notificações:
- Defina horários específicos para verificar e responder e-mails, em vez de verificar constantemente ao longo do dia.
- Desligue notificações não essenciais em seus dispositivos para minimizar interrupções.

Use bloqueadores de sites e aplicativos:
- Considere usar bloqueadores de sites e aplicativos ou aplicativos de produtividade para restringir o acesso a sites ou aplicativos que distraem durante o horário de trabalho.

Estabelecer limites:
- Comunique-se com colegas ou familiares sobre seu horário de trabalho e a necessidade de foco ininterrupto.
- Use "Não perturbe" ou recursos semelhantes em aplicativos de mensagens quando necessário.

Evite tarefas pessoais durante o horário de trabalho:
- Faça as tarefas pessoais, como compras ou ligações pessoais, nos intervalos ou depois do trabalho.
- Minimize as distrações pessoais para manter a produtividade.

Faça pausas regulares:
- Programe pequenas pausas durante o dia para descansar e recarregar energias. Pausas curtas podem aumentar a produtividade geral.
- Use os intervalos para se alongar, hidratar-se e relaxar a mente.

Mantenha-se organizado:
- Mantenha seus materiais de trabalho e documentos organizados para reduzir o tempo gasto na busca de informações.
- Use sistemas de arquivamento digitais ou físicos para armazenar e recuperar documentos de forma eficiente.

Atenção plena e meditação:
- Pratique exercícios de atenção plena e/ou meditação para melhorar o foco e a concentração.
- Essas técnicas podem ajudá-lo a controlar o estresse e a permanecer presente no trabalho.

Responsabilidade:
- Compartilhe seus objetivos e suas prioridades com um colega ou supervisor de confiança para se responsabilizar.
- Discuta o progresso e os desafios para permanecer no caminho certo.

Autocuidado:
- Priorize o autocuidado, incluindo exercícios regulares, alimentação balanceada e sono adequado, para manter o bem-estar físico e mental.
- Um estilo de vida saudável melhora a sua capacidade de concentração.

Refletir e ajustar:
- Avalie regularmente seus hábitos de trabalho e identifique fontes de distração.
- Ajuste suas estratégias e técnicas para enfrentar desafios específicos.

Lembre-se de que manter o foco é uma habilidade que pode ser desenvolvida e aprimorada com o tempo. Experimente diferentes métodos para descobrir o que funciona melhor para você e seja paciente consigo mesmo enquanto cria melhores hábitos de trabalho.

A consistência e a dedicação para minimizar as distrações levarão a uma maior produtividade e a um dia de trabalho mais bem-sucedido.

Considere, ainda, outros pontos que, com certeza, merecem a sua atenção:

Habilidades de comunicação:
- Comunique-se de forma clara, concisa e eficaz com colegas, superiores e clientes.
- Ouça ativamente os outros, faça perguntas quando necessário e busque esclarecimentos quando necessário.

Trabalho em equipe:
- Colabore com seus colegas e contribua positivamente para os projetos da equipe.
- Apoie, compartilhe ideias e ajude a criar um ambiente de trabalho harmonioso.

Adaptabilidade:
- Abrace as mudanças e se adapte a novas tecnologias, processos e desafios.
- Esteja aberto para aprender e adquirir novas habilidades para permanecer relevante em sua função.

Iniciativa:
- Mostre iniciativa assumindo novas responsabilidades e buscando oportunidades para agregar valor à sua equipe e a sua organização.

- Procure maneiras de melhorar processos, eficiência ou atendimento ao cliente.

Habilidades de resolução de problemas:
- Desenvolva fortes habilidades de resolução de problemas, analisando questões, considerando múltiplas soluções e tomando decisões informadas.
- Busque orientação ou *feedback* ao enfrentar desafios complexos.

Gerenciamento de tempo:
- Gerencie seu tempo de forma eficaz, definindo prioridades, organizando tarefas e cumprindo prazos.
- Evite a procrastinação (deixar para depois) e mantenha o foco nas tarefas que tem em mãos.
- Nunca acesse redes sociais ou *chats* para assuntos pessoais no ambiente de trabalho. A distração atrasa tarefas do dia, faz você perder o foco e pode acarretar prejuízos para a empresa e para você.

Responsabilidade:
- Assuma a responsabilidade por suas ações, suas decisões e seus resultados de trabalho.
- Admita erros quando eles ocorrerem e trabalhe em soluções para corrigi-los.

Aprendizado contínuo:
- Invista no seu desenvolvimento profissional buscando treinamentos, certificações e aprimoramento de habilidades relevantes.
- Mantenha-se atualizado sobre as tendências e as melhores práticas do setor.

Atitude positiva:
- Mantenha uma atitude positiva mesmo em situações desafiadoras.
- Seja otimista, aborde os problemas com uma mentalidade orientada para soluções e inspire outras pessoas com sua positividade.

Resolução de conflitos:
- Lide com conflitos e divergências de forma profissional e construtiva.
- Procure compromisso e resolução em vez de fomentar a negatividade ou a discórdia.

Comentários:
- Esteja aberto a comentários e dicas de seus superiores, colegas e subordinados.

- Use o *feedback* como uma oportunidade de crescimento e melhoria.

Potencial de liderança:
- Demonstre suas qualidades de liderança, como assumir a frente em projetos, orientar outras pessoas e demonstrar responsabilidade.
- Aspire ser um modelo para seus colegas.

Valores da empresa:
- Abrace e incorpore os valores, a missão e a cultura da sua organização.
- Alinhe seu trabalho com as metas e os objetivos da empresa.

Equilíbrio entre vida profissional e pessoal:
- Priorizar o equilíbrio entre vida pessoal e profissional para prevenir o esgotamento e manter o bem-estar. Lembre-se: "Ninguém conhece melhor os seus limites do que você mesmo".
- Faça pausas, aproveite as férias e desconecte-se do trabalho nas folgas e nos momentos de lazer.

Saúde e Bem-Estar:
- Preste atenção à sua saúde física e à sua mental.
- Busque apoio ou recursos ao lidar com estresse ou desafios relacionados ao trabalho.

Ser um bom funcionário é um compromisso contínuo com o crescimento pessoal e o profissional. Avalie continuamente seu desempenho, busque *feedback* e faça os ajustes necessários para se destacar em sua função e contribuir positivamente para o sucesso de sua organização.

A primeira impressão é a que fica

Parece só mais um ditado popular, mas o significado dessa frase é muito sério e importante mesmo quando falamos sobre atendimento ao cliente. Por intermédio de estudos científicos sabe-se que a primeira impressão que o cliente tem em relação a um estabelecimento comercial quando ele(a) entra é exatamente aquela que ele(a) vai gravar na mente e levar com ele por um tempo considerável.

C5 - 006 A primeira impressão é a que fica

ID:141680119 | © Fizkes | Dreamstime.com

Você pode nem ter um estabelecimento com arquitetura moderna ou mobiliado com tudo de primeira linha, mas a postura daqueles que recepcionarão seus clientes, essa deve ser terminantemente impecável em todos os sentidos. Sua imagem profissional é a impressão que você transmite aos outros no ambiente de trabalho ou de negócios. A imagem da qual estou falando abrange vários elementos, incluindo sua aparência física, seu comportamento, seu estilo de comunicação (entonação e vocabulário) e comportamento em geral.

Como profissionais que julgamos ser, a imagem profissional positiva é crucial para o sucesso na carreira e para a construção de relacionamentos sólidos com colegas, clientes e superiores. Aqui estão os principais aspectos a serem considerados ao moldar sua imagem profissional:

Aparência:

- Vista-se adequadamente para o seu setor e local de trabalho, respeitando o código de vestimenta da empresa; quando não houver um, use trajes sociais, pois seguramente transmitem maior seriedade e capacidade aos olhos do cliente.
- Mantenha bons hábitos de higiene pessoal.

- Use sempre roupas limpas, bem ajustadas e que reflitam uma aparência elegante e profissional.

Confiança:

- Projete confiança em suas interações e linguagem corporal.
- Mantenha uma boa postura, faça contato visual e ofereça um aperto de mão firme quando apropriado.
- Fale com uma voz clara e confiante.

Comunicação:

- Comunique-se de forma clara e eficaz, tanto na comunicação escrita como verbal.
- Use entonação e vocabulário adequados.
- Ouça ativamente quando os outros falam e responda com atenção.

Lembre-se de que sua imagem profissional é um esforço contínuo que você pode moldar e refinar ao longo do tempo. Avalie continuamente seu comportamento e faça os ajustes necessários para alinhá-lo aos seus objetivos de carreira e às expectativas do seu local de trabalho. Uma imagem profissional forte não só melhora a sua marca pessoal, mas também contribui para o seu sucesso em longo prazo na área escolhida.

Atitude e desenvolvimento pessoal = sucesso

O desenvolvimento pessoal, muitas vezes referido como autoaperfeiçoamento ou crescimento pessoal, é o processo contínuo de aprimoramento de suas habilidades, conhecimento, caráter e qualidade de vida em geral.

Envolve definir e atingir metas, melhorar a autoconsciência e se esforçar para atingir todo o seu potencial. O desenvolvimento pessoal abrange vários aspectos da sua vida, incluindo o seu bem-estar físico, mental, emocional e social.

C5 - 007 Atitude e desenvolvimento

ID:65445128 | Salon © Antoniodiaz | Dreamstime.com

Não é segredo que nossas atitudes ou a forma como agimos faz toda a diferença em qualquer ambiente em que estejamos, seja no trabalho, em casa com a família, no lazer, no esporte com os amigos, no trânsito, no parque e outros mais.

Trazendo para o ambiente comercial, ter um serviço de pré e pós-atendimento de excelência é primordial para se construir laço comerciais duradouros.

Como já falamos num outro momento, os clientes modernos não procuram apenas por produto ou serviços, uma vez que eles têm cada vez mais informações e controle sobre o processo de compra, tendo em vista que o mercado consumidor da atualidade é composto por pessoas que sabem muito bem o querem e como conseguir isso de forma rápida, prática, com qualidade, segurança e preço acessível.

Hoje não temos mais *atendimento ao cliente*, mas um *relacionamento com um parceiro de negócio*, e esse relacionamento não pode mais ser mecânico ou genérico, ele tem que ser personalizado – precisa ser pessoal, solucionar problemas e esclarecer dúvidas num estalar de dedos; precisa mostrar interesse real, ter diálogo franco e atender às necessidades individuais de cada cliente como se só existisse um.

O desenvolvimento pessoal e a atitude são aspectos que estão intimamente interligados ao crescimento e ao bem-estar de um indivíduo. Sua atitude, que abrange sua mentalidade, crenças e perspectiva de vida, desempenha um papel fundamental na formação de seu desenvolvimento pessoal.

Vejamos como o desenvolvimento pessoal e a atitude estão interligados:

Autocrescimento: o desenvolvimento pessoal é uma jornada contínua. Repensar seu desenvolvimento pessoal significa avaliar continuamente seus objetivos, seus valores e suas aspirações. É uma oportunidade de identificar áreas em que você pode crescer e melhorar como pessoa e, consequentemente, como profissional.

Adaptabilidade: a vida é dinâmica e as circunstâncias mudam. O que funcionou para você no passado pode não ser adequado para sua situação atual. Reavaliar suas atitudes e suas abordagens permite que você se adapte a novos desafios, oportunidades e mudanças pessoais ou profissionais. Um exemplo seria pensar no modelo de atendimento ao cliente usado nos anos 80 e 90. Definitivamente, ele não atenderia às necessidades do mercado consumidor de hoje. É melhor deixar o passado no passado.

Resiliência: desenvolver uma atitude flexível e positiva pode aumentar sua resiliência. A resiliência ajudará você a lidar melhor com contratempos, estresse e eventos inesperados, permitindo que você se recupere das adversidades com mais rapidez e eficácia.

Relacionamentos aprimorados: sua atitude e seu desenvolvimento pessoal influenciam suas interações com outras pessoas, independentemente do ambiente no qual esteja. Ao reavaliar e melhorar esses aspectos, você poderá construir relacionamentos mais positivos e gratificantes com familiares, amigos e colegas em geral.

Aumento do bem-estar: em conjunto, uma atitude positiva e o desenvolvimento pessoal contribuem para uma sensação de bem-estar e satisfação com a vida, com a alegria de viver. Uma pessoa feliz é uma pessoa que dispõe de boa saúde mental, física e emocional, o que reduz o estresse diário e a ansiedade.

Avanço na carreira: Se você busca crescimento profissional, é essencial um forte compromisso com o desenvolvimento pessoal. Repensar suas atitudes, tanto baseado nas já passadas quanto nas vindouras também pode impactar positivamente sua ética de trabalho, suas habilidades de resolução de problemas e habilidades interpessoais, o que pode levar ao avanço na carreira e a uma maior satisfação pessoal.

Coisas simples, como o tom e altura da voz, a forma do olhar, o nível de sensibilidade e leveza, a expressão facial, a aparência e a conduta, tudo isso faz grande diferença quando nos relacionamos com os clientes, principalmente com os recém-chegados.

Realização pessoal: manter o foco contínuo no desenvolvimento pessoal pode levar a uma maior autoconsciência e a uma sensação positiva de realização pessoal e profissional. Realizar sonhos e alcançar metas ajudará você a alinhar suas ações com seus valores e objetivos, criando uma vida mais significativa.

Aprendizagem ao longo da vida: o compromisso com o desenvolvimento pessoal geralmente envolve aprendizagem contínua. Adotar novos conhecimentos e novas habilidades mantém sua mente ativa e engajada.

Definindo metas: reavaliar seus propósitos e suas atitudes pode ajudá-lo a definir e a alcançar metas mais significativas, além de esclarecer o que é realmente importante para você e fornecer um roteiro para alcançar seus objetivos.

Inspiração e motivação: reavaliar regularmente seu desenvolvimento pessoal e atitudes te dará inspiração e motivação para lembrá-lo do seu potencial, o que o incentivará a agir em direção ao autoaperfeiçoamento.

Em resumo, repensar o seu desenvolvimento pessoal e a sua atitude é essencial para o seu crescimento, para sua adaptabilidade e para o bem-estar geral. É uma abordagem proativa para viver uma vida mais gratificante e bem-sucedida e garantirá que você permaneça alinhado com seus valores e objetivos sempre em evolução.

Tenha em mente que o ajuste das suas atitudes e o desenvolvimento pessoal é uma jornada que dura a vida toda e o caminho de cada pessoa é único. Envolve autorreflexão, estabelecimento de metas significativas e tangíveis, ação e adaptação à medida que avança. Trata-se de crescer continuamente e de se tornar a melhor versão de si mesmo dia após dia, tanto pessoal quanto profissionalmente.

Capítulo 6
Anatomia e fisiologia

Por que devo aprender sobre anatomia e fisiologia se eu estou ingressando apenas no ramo das unhas? A razão é bem simples. Como todos nós sabemos, o corpo humano, apesar de ser composto por várias partes (membros e órgãos) com funções distintas, todas elas trabalham em conjunto, estão interligadas entre si e dependem umas das outras para dar movimento e vida ao corpo como um todo.

C6 - 001 Anatomia e fisiologia

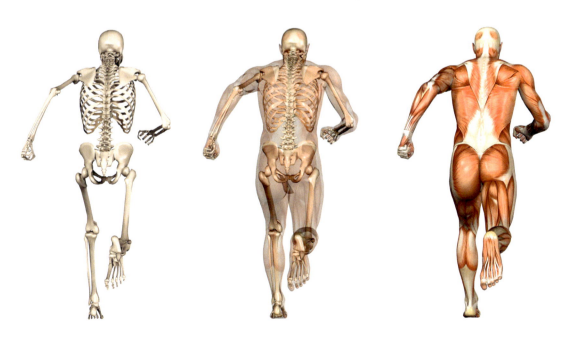

ID: 572101 © Linda Bucklin | Dreamstime.com

Para entender melhor, imagine uma dor de cabeça oriunda de um problema no fígado, algo bem comum, uma vez que a dor de cabeça quase sempre é somente uma forma que o organismo tem de nos deixar saber que algo, em algum órgão do corpo, não vai bem e precisa de cuidados.

Lembra-se de já ter tido alguma irritação na pele por motivo não compreendido? Bom, sabemos que irritações na pele não acontecem sem motivos e que quase sempre surgem devido ao contato com substâncias químicas agressivas ou mesmo ingestão de alimentos contaminados ou aos quais a pessoa é alérgica.

Há pessoas que são alérgicas a amendoim, outras a Benzetacil, outras ao consumo de peixe; então, quando o organismo percebe a entrada de tais substâncias no corpo, imediatamente aciona um alerta que, nesses casos, vem em forma de irritação na pele.

Isso nos mostra que o corpo humano, como eu já disse anteriormente, trabalha em plena sincronia da planta dos pés aos fios de cabelo da cabeça. Em resumo, tudo que ocorre em um órgão do nosso corpo pode ser – e quase sempre é – sentido por todos os outros.

Como profissional de unhas é de fundamental importância que você saiba orientar seus clientes sobre o bom uso de produtos para as unhas, o que pode e o que não é recomendado usar ou aplicar e, ainda, informá-los sobre os procedimentos adequados em caso de irritação na pele, como suspensão do uso, busca por ajuda médica e outros cuidados com a saúde.

Anatomia

A palavra anatomia, do latim *ana* (através) e *temnein* (corte), tem origem no antigo Egito e referia-se à dissecação (cortes, desmembramento) de corpos de vítimas de sacrifício humano, atividade relativamente comum naquela época. Hoje, o termo anatomia está comumente relacionado ao estudo das formas do corpo e seus membros externos e internos.

Numa interpretação mais técnica e abrangente, conforme proposto pela American Association of Anatomists em 1981, anatomia é a análise da estrutura biológica, sua correlação com a função e com as modulações de estrutura em resposta a fatores temporais, genéticos e ambientais. Tem como metas principais a compreensão dos princípios arquitetônicos da construção dos organismos vivos, a descoberta da base estrutural do funcionamento das várias partes e a compreensão dos mecanismos formativos envolvidos em seu desenvolvimento.

Em seu conceito mais amplo, a Anatomia é a ciência que estuda, macro e microscopicamente, a constituição e o desenvolvimento dos seres organizados

Trazendo para o nosso uso e para a nossa aplicação, podemos dizer que anatomia é o estudo da estrutura do corpo humano e suas partes conforme podemos ver a olho nu. Daí a necessidade de se conhecer a anatomia do corpo para ampliar os conhecimentos gerais e periféricos que circundam e complementam a sua futura área de atuação, as unhas.

Reiterando, a anatomia do corpo humano é o estudo da estrutura e da organização do nosso corpo. É um ramo da Biologia e da Medicina que se concentra na compreensão das várias partes, sistemas e componentes que constituem o corpo humano e como funcionam juntos para sustentar a vida. Aqui estão alguns aspectos-chave da anatomia do corpo humano:

Sistemas de órgãos: o corpo humano é composto por vários sistemas de órgãos, cada um com um conjunto específico de funções. Esses sistemas incluem:

- Sistema circulatório: responsável pela circulação de sangue, oxigênio e nutrientes por todo o corpo. Inclui o coração, vasos sanguíneos e sangue.

- Sistema respiratório: facilita a troca de oxigênio e dióxido de carbono entre o corpo e o ambiente externo. Inclui os pulmões e as vias aéreas.

- Sistema digestivo: processa e absorve nutrientes dos alimentos que ingerimos. Inclui estômago, intestinos e outros órgãos digestivos.

- Sistema nervoso: controla as funções corporais e permite a comunicação entre diferentes partes do corpo. Inclui o cérebro, a medula espinhal e os nervos.

- Sistema muscular: proporciona movimento e suporte ao corpo. Inclui músculos esqueléticos, músculos lisos e músculos cardíacos.

- Sistema esquelético: fornece estrutura, suporte e proteção para o corpo. Inclui ossos, articulações e cartilagem.

- Sistema endócrino: regula diversas funções corporais por meio da liberação de hormônios. Inclui glândulas como hipófise, tireoide e glândulas suprarrenais.

- Sistema reprodutivo: responsável pela reprodução e pela continuação da espécie. Inclui os órgãos reprodutivos masculinos e femininos.

- Sistema urinário: filtra os resíduos do sangue e regula o equilíbrio de fluidos e eletrólitos. Inclui rins, bexiga e uretra.

- Sistema tegumentar: forma a camada protetora externa do corpo (pele) e inclui cabelo, unhas e glândulas sudoríparas.

Tecidos: os tecidos são grupos de células distintas que desempenham funções específicas no nosso corpo. Os quatro tipos principais de tecidos humanos são tecidos epiteliais, conjuntivos, musculares e nervosos.

Órgãos: os órgãos são compostos de diferentes tipos de tecidos e desempenham funções específicas dentro de um sistema orgânico. Por exemplo, o coração é um órgão do sistema circulatório, enquanto o cérebro é um órgão do sistema nervoso.

Células: as células são as unidades estruturais e funcionais básicas do corpo humano. Elas variam em tamanho, forma e função e constituem tecidos e órgãos (saiba mais sobre células mais à frente neste capítulo).

Terminologia anatômica: anatomistas e profissionais de saúde usam terminologia padronizada para descrever a localização, a orientação e as relações das estruturas anatômicas. Essa terminologia garante uma comunicação precisa.

Imagens anatômicas: várias técnicas de imagem, como raios-X, tomografia computadorizada, ressonância magnética e ultrassom são usadas para visualizar e estudar as estruturas internas do corpo humano.

Anatomia do desenvolvimento: esse campo examina as mudanças e o crescimento das estruturas anatômicas desde a concepção até a maturidade.

Anatomia clínica: a anatomia clínica preocupa-se com a aplicação do conhecimento anatômico à prática médica, incluindo diagnóstico, tratamento e cirurgia.

Anatomia patológica (patologia): os patologistas estudam os efeitos de doenças e anormalidades nas estruturas anatômicas.

Compreender a anatomia do corpo humano é fundamental para profissionais de saúde, incluindo médicos, enfermeiros e cirurgiões, pois fornece a base para o diagnóstico e para o tratamento de condições médicas. Também é essencial para pesquisadores, educadores, indivíduos interessados em saúde e biologia, manicures, pedicures, cabeleireiros e outros que lidam, modificam ou melhoram partes do corpo, seja voltado para a saúde ou para a estética.

Fisiologia

A palavra Fisiologia, do grego *Physis* (natureza, princípio ou origem) e *Logos* (estudo), é o estudo das funções e do funcionamento normal dos seres vivos, bem como dos processos físico-químicos que ocorrem nas células, nos tecidos, nos órgãos e nos sistemas dos seres vivos sadios.

C6 - 002 Fisiologia

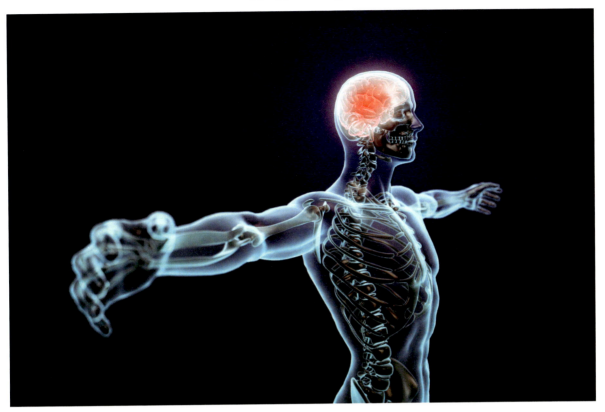

C6-002 - 31024627 © Mopic | Dreamstime.com

Em outras palavras, podemos afirmar que a fisiologia é o estudo científico que busca compreender e mostrar como funcionam os organismos vivos e como suas diversas partes e sistemas trabalham juntos para manter a vida.

A fisiologia é um ramo da Biologia que se concentra na compreensão dos mecanismos e processos que ocorrem nos corpos dos organismos, incluindo os humanos, e que abrange uma ampla gama de tópicos e áreas de estudo, cada um dos quais voltado às funções e aos processos específicos dentro do corpo. Para o seu conhecimento geral, aqui estão algumas características e ramificações da fisiologia:

Fisiologia celular: examina as funções e as atividades de células individuais, incluindo metabolismo celular, comunicação e processos de transporte.

Fisiologia de órgãos: investiga as funções de órgãos específicos do corpo, como coração, pulmões, fígado e rins. Esse ramo da fisiologia explora como os órgãos funcionam individualmente e em coordenação entre si.

Fisiologia do sistema: estuda as funções e as interações de vários sistemas orgânicos, como sistema nervoso, sistema cardiovascular, sistema respiratório e sistema endócrino. Ele se concentra em como esses sistemas mantêm a homeostase (equilíbrio interno) do corpo.

Fisiologia do exercício: explora os efeitos da atividade física e do exercício nos sistemas do corpo, incluindo funções musculares, respostas cardiovasculares e adaptações ao treinamento.

Neurofisiologia: investiga as funções do sistema nervoso, incluindo comunicação de células nervosas, percepção sensorial, controle motor e função cerebral.

Fisiologia cardiovascular: examina as funções do coração e dos vasos sanguíneos, incluindo circulação sanguínea, débito cardíaco e regulação da pressão arterial.

Fisiologia respiratória: estuda os processos envolvidos na respiração, nas trocas gasosas (oxigênio e dióxido de carbono) e na função pulmonar.

Fisiologia endócrina: concentra-se nas funções do sistema endócrino, que inclui glândulas que secretam hormônios para regular vários processos corporais e manter a homeostase.

Fisiologia renal: investiga as funções dos rins na manutenção do equilíbrio hídrico e eletrolítico, na filtragem de resíduos do sangue e na regulação da pressão arterial.

Fisiologia gastrointestinal: examina as funções do sistema digestivo, incluindo digestão, absorção de nutrientes e regulação da fome e da saciedade.

Fisiologia reprodutiva: estuda os sistemas reprodutivos em homens e mulheres, incluindo os processos de fertilização, gravidez e regulação hormonal.

Fisiologia ambiental: explora como os organismos se adaptam a diferentes condições ambientais, como temperaturas extremas, grandes altitudes ou ambientes subaquáticos.

Fisiologia Comparada: compara processos fisiológicos em diferentes espécies para compreender a diversidade de adaptações e funções no reino animal.

Os fisiologistas usam uma variedade de ferramentas e técnicas, incluindo experimentos, observação e tecnologia avançada, para estudar esses aspectos inerentes aos organismos vivos. O conhecimento adquirido a partir da investigação fisiológica é crucial para a compreensão da saúde e da doença, para o desenvolvimento de tratamentos médicos e para a melhoria da nossa compreensão geral dos processos vitais.

A anatomia das células

As células humanas são estruturas complexas compostas por várias organelas e componentes que trabalham juntos para realizar funções essenciais e vitais. Na imagem C6-003 estão algumas das principais partes ou organelas encontradas em uma célula humana típica. Segue a imagem e o detalhamento item por item.

C6 - 003 A anatomia das células

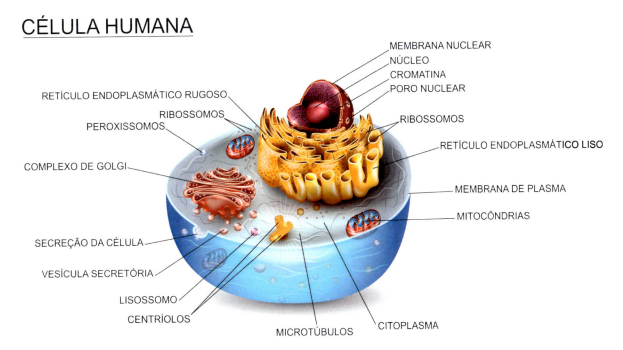

ID:65928022 © Gunita Reine | Dreamstime.com

Membrana nuclear (envelope nuclear):

- Uma membrana dupla que envolve o núcleo das células.
- Contém poros nucleares que controlam a troca de moléculas entre o núcleo e o citoplasma.

Núcleo:

- O centro de controle da célula contém material genético (DNA) na forma de cromossomos.
- Regula as atividades celulares e dirige a síntese proteica.

Cromatina:

- Complexo de DNA, RNA e proteínas que está presente no núcleo celular dos eucariontes, em forma de um longo filamento.

Poros nucleares:
- São responsáveis pelo transporte através do envoltório nuclear.
- Possibilitam a divisão entre o material genético e o citoplasma, de modo que ainda seja possível a interação entre eles.

Membrana de plasma (membrana celular):
- A camada mais externa da célula, separando-a do ambiente extracelular.
- Regula a passagem de substâncias para dentro e para fora da célula.

Mitocôndrias:
- Muitas vezes chamadas de "potências" da célula.
- Produzem energia (ATP) por meio da respiração celular, convertendo nutrientes em energia utilizável.
- São organelas celulares presentes na maioria das células eucarióticas.
- As mitocôndrias apresentam membrana dupla e um DNA circular próprio.

Citoplasma:
- A substância gelatinosa que preenche o interior da célula.
- Fornece um meio para reações químicas e abriga organelas.

Nucléolo:
- Consiste em uma estrutura de forma esférica existente dentro do núcleo das células eucarióticas (geralmente, cada núcleo de célula tem um só nucléolo, mas existem núcleos com dois ou mais nucléolos, como as células vegetais).
- Responsável pela produção de RNA ribossômico (RNA) e montagem de ribossomos.

Ribossomos:
- Pequenas estruturas granulares encontradas no citoplasma e no retículo endoplasmático (RE).
- São estruturas celulares, presentes em células procarióticas e eucarióticas, responsáveis pela síntese de proteínas pela tradução da informação genética em cadeias proteicas.

Complexo de Golgi:
- Suas funções são modificar, armazenar e exportar proteínas sintetizadas no retículo endoplasmático rugoso; além disso, origina os lisossomos e os acrossomos dos espermatozoides.

Centrossomo:
- O centrossomo é a área próxima ao núcleo que contém os centríolos. (considere a área ao redor dos centríolos mostrados na imagem).

Centríolos:
- Os centríolos desempenham um papel importante na divisão celular (mitose e meiose) e na organização dos microtúbulos.
  - **Mitose** – é o processo no qual ocorre a divisão celular, dando origem a duas células iguais à inicial (com o mesmo número de cromossomos).
  - **Meiose** – neste processo ocorrem duas divisões celulares, formando, assim, quatro células com metade do material genético da célula-mãe.

Retículo endoplasmático rugoso:
- Uma extensa rede de membranas dentro da célula.
- Possui ribossomos em sua superfície e está envolvido na síntese de proteínas.

Retículo endoplasmático liso:
- Não tem ribossomos em sua superfície e está envolvido na síntese e na desintoxicação lipídica.

Aparelho de Golgi (Complexo de Golgi):
- Composto por sacos achatados (cisternas) que modificam, acondicionam e transportam proteínas e lipídios produzidos pelo RE.

Lisossomos:
- Organelas ligadas à membrana contendo enzimas que decompõem resíduos, detritos celulares e invasores estranhos.

Peroxissomos:
- Organelas ligadas à membrana envolvida em vários processos metabólicos, incluindo a quebra de ácidos graxos e desintoxicação.

Citoesqueleto:
- Uma rede de filamentos proteicos (microfilamentos, filamentos intermediários e microtúbulos) que fornecem suporte estrutural, mantêm a forma celular e facilitam o movimento celular.

Vesícula secretora (ou secretória):
- Transportam produtos celulares e/ou resíduos para fora da célula.

Esses são alguns dos principais componentes e organelas encontrados em uma típica célula humana. E como visto, cada uma dessas estruturas desempenha um papel crucial na execução de funções específicas e necessárias para a sobrevivência da própria célula e para o funcionamento geral do corpo humano. Além disso, diferentes tipos de células podem ter organelas ou adaptações únicas que se ajustam às suas funções e aos seus papéis específicos no nosso corpo.

Toxinas

Cientificamente falando, uma toxina é uma substância de origem biológica que provoca danos à saúde de um ser vivo através do contato direto ou pela absorção, tipicamente por interação com macromoléculas biológicas, como as enzimas. As toxinas podem ser produzidas por uma variedade de organismos e processos diferentes.

Segue uma listagem simples de algumas maneiras comuns pelas quais as toxinas são produzidas:

Microrganismos: muitas bactérias, fungos e vírus produzem toxinas como parte de seus mecanismos de defesa ou como meio de competir com outros microrganismos por recursos. Essas toxinas microbianas podem ser prejudiciais a outros organismos, incluindo humanos. Exemplos incluem a toxina botulínica produzida por clostrídio botulínico, e as micotoxinas produzidas por certos fungos.

Plantas: algumas plantas produzem toxinas como mecanismo de defesa contra herbívoros ou para impedir a competição de outras plantas. Essas toxinas vegetais geralmente estão concentradas em partes específicas da planta, como folhas, sementes e raízes. Os exemplos incluem glicosídeos cianogênicos em alguns caroços de frutas e alcaloides encontrados em plantas como a beladona.

Animais: certos animais, especialmente os venenosos, produzem toxinas que podem injetar em presas ou ameaças. Essas toxinas podem paralisar ou matar seus alvos. Como exemplos temos o veneno de cobras, aranhas e caracóis cônicos.

Reações químicas: as toxinas também podem ser produzidas por meio de reações químicas, naturalmente ou como resultado de atividades humanas. Por exemplo, a combustão de certos materiais produz gases tóxicos, como o monóxido de carbono. Os processos industriais podem gerar subprodutos químicos tóxicos para os seres humanos e para o meio ambiente.

Processos biológicos: algumas toxinas são produzidas como subprodutos metabólicos em processos biológicos. Por exemplo, a amônia é um resíduo metabólico em humanos e outros animais e pode ser tóxica em altas concentrações.

Fatores genéticos: em alguns casos, mutações genéticas em organismos podem levar à produção de substâncias nocivas. Por exemplo, certas mutações genéticas levam à produção de hemoglobina anormal em humanos, levando a doenças como a anemia falciforme.

É importante observar que nem todas as substâncias produzidas por microrganismos, plantas ou animais são tóxicas. Muitos desses organismos também produzem compostos benéficos. A toxicidade de uma substância depende da sua concentração, da estrutura química específica e do contexto em que é encontrada.

Cientistas e investigadores estudam as toxinas para compreender os seus mecanismos de ação, como podem ser detectadas e como mitigar seus efeitos nocivos. Esse conhecimento auxilia no desenvolvimento de tratamentos para exposição a toxinas e na prevenção de doenças relacionadas a elas.

As toxinas e seus efeitos danosos

Quando uma célula é afetada por uma toxina vários processos e funções celulares podem ser interrompidos, levando a uma série de efeitos nocivos à saúde da pessoa.

C6 - 004 As toxinas e seus feitos danosos

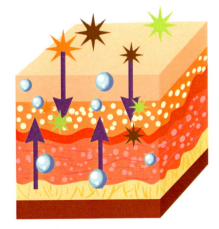

Célula saudável
Barreiras atuando

Célula contaminada
Barreiras rompidas

ID:138610601 © Elena Vasileva | Dreamstime.com

As consequências específicas da exposição à toxina variam dependendo do tipo de toxina, da sua concentração e do tipo de célula afetada. Aqui estão algumas respostas celulares comuns à exposição a toxinas:

Rompimento da membrana celular: muitas toxinas podem danificar a membrana plasmática da célula, que serve como barreira que controla a passagem de substâncias para dentro e para fora dela. Esse dano pode resultar em vazamento do conteúdo celular e perda da integridade da membrana protetora.

Inibição de enzimas: as toxinas podem interferir na atividade de enzimas específicas dentro da célula. As enzimas são essenciais para catalisar reações bioquímicas e sua inibição pode prejudicar as vias metabólicas e as funções celulares.

Danos ao DNA: algumas toxinas causam danos ao DNA da célula, que podem resultar em mutações ou morte celular e contribuir para o desenvolvimento de doenças como úlceras e câncer.

Disfunção mitocondrial: as toxinas podem afetar a função das mitocôndrias, as organelas produtoras de energia da célula. Isso, por sua vez, pode levar a uma diminuição na produção de energia e a um aumento na produção de espécies reativas de oxigênio (ROS) nocivas.

Respostas celulares ao estresse: quando as células são expostas a toxinas, elas podem ativar vias de resposta ao estresse. Essas respostas incluem a produção de proteínas de choque térmico, enzimas antioxidantes e outras moléculas protetoras para tentar mitigar os danos causados pelas toxinas.

Morte celular: a exposição grave a toxinas pode levar à morte celular. Existem diferentes tipos de morte celular, incluindo apoptose (morte celular programada), necrose (morte celular descontrolada) e autofagia (autodigestão). O tipo de morte celular induzida por uma toxina depende dos efeitos específicos da toxina em questão.

Respostas inflamatórias: as toxinas podem desencadear uma resposta inflamatória no tecido afetado. Isso pode resultar no recrutamento de células imunes para o local do dano e na liberação de mediadores inflamatórios, levando a inflamação local e dano tecidual.

Comprometimento funcional: dependendo do tipo de célula e dos efeitos das toxinas, as funções celulares podem ser prejudicadas. Por exemplo, nas células nervosas as toxinas podem interromper a liberação de neurotransmissores e a transmissão de sinais, levando a sintomas neurológicos.

Adaptação celular: em alguns casos, as células podem se adaptar à exposição crônica à toxina, desenvolvendo mecanismos para resistir ou desintoxicar. Isso pode levar a mudanças na expressão genética e na função celular ao longo do tempo.

Os efeitos específicos de uma toxina em uma célula variam amplamente com base nas propriedades químicas da toxina, nas moléculas-alvo e na capacidade da célula de desintoxicar ou reparar danos. A gravidade do dano celular e o impacto global sobre um organismo dependem de fatores como a concentração e a duração da exposição às toxinas, como a capacidade do tecido afetado de se recuperar ou regenerar.

O metabolismo celular

O metabolismo celular humano é um conjunto extremamente complexo de processos bioquímicos que ocorrem dentro das células e que têm como finalidade manter a vida e sustentar as funções celulares em geral.

C6 - 005 O metabolismo celular

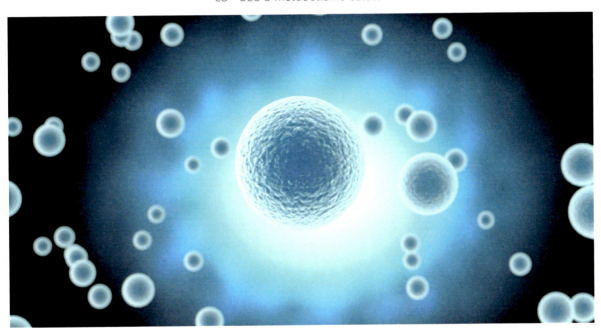

ID: 124849549 | Cell © Vivilweb | Dreamstime.com

Esses processos metabólicos são essenciais para gerar energia, construir e reparar estruturas celulares e regular diversas atividades. Vejamos algumas funções e atuações do metabolismo celular humano:

Produção de energia: o objetivo principal do metabolismo celular é gerar energia na forma de trifosfato de adenosina. Isso é realizado principalmente por meio de duas vias metabólicas principais:

Glicólise: este processo ocorre no citoplasma e envolve a quebra da glicose (uma molécula de açúcar) em piruvato, produzindo uma pequena quantidade de ATP.

Respiração celular: na presença de oxigênio, o piruvato produzido na glicólise entra na mitocôndria, onde sofre fosforilação oxidativa, uma série de reações que produzem a maior parte do ATP nas células.

Anabolismo: além da produção de energia, as células usam vias metabólicas para construir moléculas complexas a partir de moléculas mais simples. Isso é chamado de anabolismo. Exemplos incluem a síntese de proteínas, ácidos nucléicos (DNA e RNA), lipídios e carboidratos.

Catabolismo: as vias catabólicas quebram moléculas complexas em moléculas mais simples, liberando energia no processo. Isso é importante para fornecer substratos para reações anabólicas e para remover resíduos. Por exemplo, os aminoácidos são decompostos em vias catabólicas.

Gliconeogênese: este processo ocorre no fígado e nos rins e envolve a síntese de glicose a partir de fontes não carboidratos, como aminoácidos e glicerol. Ajuda a manter os níveis de glicose no sangue quando a glicose na dieta é escassa.

Metabolismo lipídico: as células metabolizam lipídios para obter energia e construir membranas celulares. Os lipídios são decompostos por meio de processos como a beta-oxidação e os ácidos graxos podem ser sintetizados e armazenados como triglicerídeos.

Metabolismo proteico: as proteínas são continuamente sintetizadas e degradadas dentro das células. Os aminoácidos obtidos a partir da quebra de proteínas podem ser utilizados para a produção de energia ou para a construção de novas proteínas.

Eliminação de resíduos: os processos metabólicos produzem resíduos, como dióxido de carbono e ureia. Esses produtos residuais devem ser removidos da célula e, por fim, excretados do corpo.

Regulação: o metabolismo celular é rigorosamente regulado para manter a homeostase e responder às mudanças nas condições externas do corpo. Hormônios, enzimas e mecanismos de *feedback* desempenham papéis críticos nessa regulação.

Vias metabólicas: as vias metabólicas consistem em uma série de reações enzimáticas, cada uma catalisada por uma enzima específica. Essas vias estão interligadas e muitas vezes reguladas por mecanismos de *feedback* para garantir que as células tenham as moléculas necessárias para o crescimento, a manutenção e a sua função.

Distúrbios metabólicos: as interrupções no metabolismo celular podem levar a distúrbios metabólicos. Os exemplos incluem *Diabetes Mellitus* (comprometimento do metabolismo da glicose), *Fenilcetonúria* (comprometimento do metabolismo de aminoácidos) e vários distúrbios metabólicos hereditários.

O metabolismo celular humano é um processo altamente complexo e dinâmico, envolvendo milhares de reações e vias metabólicas, que permite que as células mantenham as suas estruturas e as suas funções, que respondam às mudanças ambientais e se adaptem às necessidades energéticas e nutricionais do corpo. A compreensão desses processos metabólicos é essencial para o estudo da saúde e da doença e para o desenvolvimento de tratamentos para distúrbios metabólicos.

O que o profissional de unhas aprende com tudo isso?

A máxima é: "Conhecimento nunca é demais". Quando procuramos, por exemplo, por um(a) profissional esteticista, certamente queremos nos sentir seguros sobre os procedimentos que desejamos que ele(a) realize em nós. Aliás, queremos, precisamos e devemos saber com antecedência se o que pretendemos é viável de execução no sentido profissional e se é indicado ou não para nós.

Normalmente, a viabilização de um procedimento estético vem somente após um processo de pré-avaliação chamado de Anamnese, que consiste em um diálogo entre o profissional e o cliente, objetivando ajudá-lo a relatar possíveis problemas de saúde, bem como alergias a esmaltes, sensibilidade à luz ultravioleta, sensibilidade ao calor, histórico de reações negativas a certos procedimentos estéticos e outros. Saiba mais sobre Anamnese no capítulo 8.

É muito importante para o(a) profissional de unhas conhecer os processos metabólicos ainda que de forma geral, panorâmica e bem simplificada, pois isso o ajudará a explicar aos seus clientes sobre os riscos relacionados a certos procedimentos estéticos quando executados sem os devidos cuidados ou quando são inapropriados a certas pessoas.

Quanto mais conhecimento, mais qualidade haverá em seu trabalho

Como você já sabe, o foco principal de um(a) profissional de unhas, logicamente, é o cuidado e o embelezamento das unhas, incluindo serviços como manicure, pedicure e *nail art*. Embora uma compreensão profunda do metabolismo celular não seja um requisito obrigatório, é muito importante e benéfico ter algum conhecimento de biologia, estrutura da pele e saúde das unhas.

C6 - 006 Quanto mais conhecimento, mais qualidade

ID: 81205671 © Adrian825 | Dreamstime.com

Como se trata de algo muito importante de se assimilar, vou citar alguns pontos que te auxiliarão a compreender o porquê da importância de investir em conhecimento em sua profissão. Vamos a eles:

Comunicação com o cliente: compreender os conceitos básicos da anatomia da pele e das unhas, incluindo o papel das células, pode ajudar os técnicos de unhas a se comunicarem de maneira eficaz e abrangente com os clientes. Permite-lhes explicar certas condições das unhas ou da pele, fornecer conselhos sobre cuidados com as unhas e responder a perguntas com mais confiança.

Higiene e saneamento: os(as) manicures devem ter um bom conhecimento das práticas de higiene e saneamento para garantir a segurança e a saúde de seus clientes. Isso inclui o conhecimento de patógenos comuns e como eles podem ser transmitidos, o que se relaciona com princípios biológicos básicos.

Saúde das unhas: conhecer alguns fundamentos sobre o crescimento das unhas e os fatores que podem afetá-las (como nutrição, hidratação e saúde em geral) ajuda um técnico de unhas a fornecer conselhos práticos aos clientes sobre como manter as unhas saudáveis e bonitas.

Precauções de segurança: os técnicos de unhas trabalham com vários produtos e ferramentas, alguns dos quais contêm produtos químicos que podem afetar a pele e as unhas. Ter uma compreensão básica da barreira protetora da pele e do seu papel na prevenção de danos orienta os técnicos no manuseio seguro dos produtos.

Reconhecendo anormalidades: embora os técnicos de unhas não sejam profissionais médicos, eles podem ocasionalmente encontrar anormalidades nas unhas ou na pele dos clientes. O conhecimento básico do que é normal e do que pode ser motivo de preocupação pode levá-los a recomendar que os clientes procurem aconselhamento de um profissional de saúde.

Em resumo, embora a principal experiência de um técnico de unhas seja o cuidado e a estética das unhas, ter um bom conhecimento sobre metabolismo celular, pele e biologia das unhas aumenta significativamente a sua capacidade de fornecer serviços de qualidade, manter padrões de higiene e oferecer orientações variadas aos clientes, inclusive quando julgar necessário a visita a um profissional de saúde.

O(a) profissional de saúde é sempre a pessoa indicada para avaliar as condições de saúde de uma pessoa. Somente ele(a) pode indicar tratamentos e receitar medicamentos.

Bactéria e vírus – Diferenças

Bactérias e Vírus – ambos são microrganismos, porém diferem entre si em muitos aspectos fundamentais. De modo simplificado, as diferenças entre vírus e bactérias estão nos tipos de doenças que eles causam, em suas características e como eles se multiplicam.

C6 - 007 Bactérias e vírus

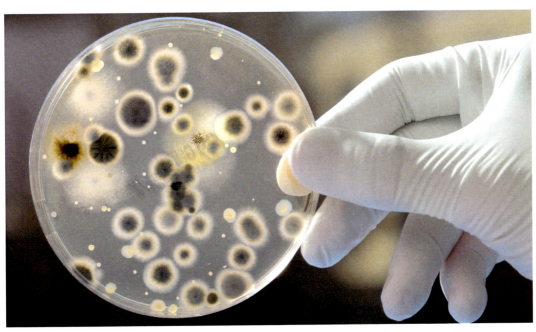

ID: 10414278 | Bacteria © Alexander Raths | Dreamstime.com

Tanto as bactérias quanto os vírus podem causar muitas infecções comuns, sendo que grande parte delas podem ser evitadas por meio da vacinação. A seguir veremos algumas características que diferem as bactérias do vírus.

Estrutura celular

Bactérias: são organismos unicelulares (um tipo de célula) com uma estrutura celular simples. Elas são consideradas organismos vivos e podem realizar por conta própria todas as funções necessárias à vida.

Vírus: São muito menores do que as bactérias e não são considerados células. Eles consistem em material genético (DNA ou RNA) cercado por uma capa protetora chamada capsídeo. É bastante interessante e alguns vírus também têm um revestimento externo.

Bactérias e vírus – Organismos vivos e não vivos

C6 - 008 Organismos vivos e não vivos

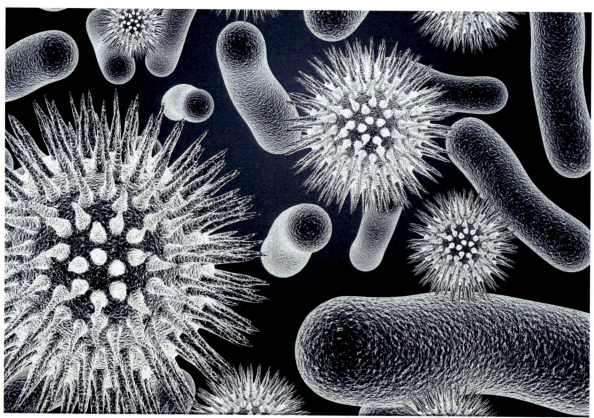

ID: 2764243 © Irochka | Dreamstime.com

Bactérias: são organismos vivos e podem realizar processos metabólicos independentes e se reproduzir por conta própria.

Vírus: são considerados entidades não vivas porque não podem realizar processos metabólicos ou se reproduzir sem uma célula hospedeira.

Reprodução

Bactérias: reproduzem-se por meio de fissão binária, um processo no qual uma única célula bacteriana se divide em duas células-filhas idênticas.

Vírus: não se reproduzem por conta própria. Eles precisam infectar uma célula hospedeira e sequestrar o mecanismo celular para se replicarem.

Maquinaria celular

Bactérias: têm seu próprio mecanismo celular, incluindo ribossomos, para realizar processos metabólicos e síntese de proteínas.

Vírus: não têm o mecanismo celular necessário para processos metabólicos e síntese de proteínas. Eles dependem da maquinaria da célula hospedeira para replicar e produzir novas partículas virais.

Resposta aos antibióticos

Bactérias: as infecções bacterianas são tratadas com antibióticos, que têm como alvo estruturas ou funções bacterianas específicas.

Vírus: as infecções virais geralmente não são tratadas com antibióticos. Medicamentos antivirais podem ser usados em alguns casos, mas sua eficácia costuma ser mais limitada.

Estrutura

Bactérias: têm uma estrutura mais complexa, com paredes, membrana celular e várias estruturas internas.

Vírus: os vírus têm uma estrutura mais simples, com material genético (DNA ou RNA) envolto em uma capa de proteção. Como já mencionado, alguns vírus também têm um invólucro lipídico externo (um tipo de capa protetora).

Ambientes de convivência

Bactérias: prosperam em vários ambientes, incluindo solo, água e organismos vivos.

Vírus: os vírus dependem de um organismo hospedeiro para sua replicação e não conseguem sobreviver fora dele por um período prolongado.

Percebeu quanta informação que você, como profissional de unhas, poderá repassar aos seus clientes? Já imaginou a satisfação deles por suas explicações e esclarecimentos técnicos?

C6 - 009 Ambientes de convivência

ID 273090547 © Daria Voronchuk | Dreamstime.com

A notícia vai se espalhar e você será requisitada(o) por mais e mais pessoas em busca não só da beleza das unhas, mas de segurança e confiança, que você já demonstrou ter.

Capítulo 7
Mãos e pulsos

Nossas mãos e nossos pulsos são partes complexas e vitais do nosso corpo, desempenhando, em conjunto, um papel importantíssimo em várias funções e atividades diárias, motivos pelos quais devemos zelar sempre pela sua saúde e seu bem-estar.

C7 - 001 Mãos e pulsos

ID: 7766580 | Hand © Pressmaster | Dreamstime.com

Os(as) profissionais de unhas que falem sobre a importância das mãos e pulsos, não é mesmo? Eles são as ferramentas mais importantes para que possa exercer suas funções diárias no salão.

Há alguns anos, fazer unha consistia basicamente em cortar, lixar e pintar, então pouco tempo era tomado para realizar o trabalho e pouco se exigia das mãos e dos pulsos dos profissionais. O tempo foi passando e, aos poucos, mais serviços foram incorporados ao conjunto de tarefas de um(a) profissional de unhas e de serviços prestados por um salão de beleza.

Hoje, são inúmeros os serviços que a manicure executa no processo de embelezamento das unhas e mãos de seus/suas clientes, bem como reparos de unhas danificadas, alongamentos, aplicação de unhas em gel, massagem, esfoliação e outros cuidados mais.

Diante dessa grande demanda por serviços de beleza e tendo em vista a diversidade de serviços que os salões oferecem ao público, fica clara a necessidade de o profissional investir em conhecimento mais aprofundado, não só sobre unhas propriamente ditas, mas também abrangendo periféricos, como cuidados com as articulações, doenças da pele, uso de produtos químicos e outros.

Mãos

As nossas mãos são ferramentas muito poderosas, são partes extremamente úteis, importantes e versáteis do nosso corpo, desempenhando inúmeras funções essenciais no nosso dia a dia. Na imagem C7-002 vemos a estrutura óssea e as articulações da mão.

C7 - 002 Mãos

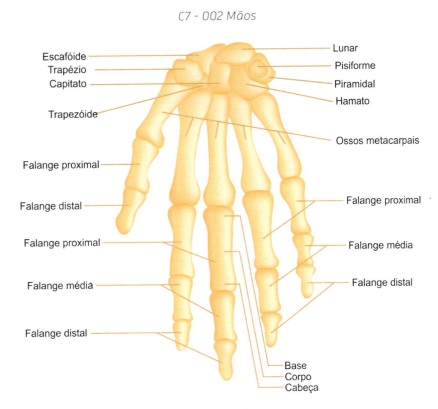

ID: 27370539 © Elina22 | Dreamstime.com

A princípio, vejamos algumas das principais características que destacam a importância de nossas mãos:

Destreza e manipulação: nossas mãos têm alto nível de destreza e habilidades motoras refinadas, o que nos permite realizar tarefas precisas e complexas. Isso inclui atividades como escrever, digitar, criar, tocar instrumentos musicais e muito mais.

Ferramenta de comunicação: a linguagem de sinais, os gestos e a comunicação não verbal envolve movimentos das mãos, o que torna as mãos uma ferramenta vital para a comunicação.

Atividades da vida diária: usamos nossas mãos para diversas atividades diárias, como comer, vestir-nos, tomar banho e cuidar da higiene local e pessoal.

Trabalho e produtividade: no local de trabalho, as mãos são essenciais para uma ampla variedade de funções e setores. Elas nos permitem operar máquinas, executar tarefas e manipular produtos.

Exploração e interação: as mãos são essenciais para explorar e interagir com nosso ambiente. Seja tocando, sentindo ou agarrando objetos, elas nos ajudam a aprender sobre o mundo que nos rodeia.

Autoexpressão: por meio da arte, da escrita e de vários esforços criativos, nossas mãos nos permitem expressar pensamentos, ideias e emoções.

Conexão emocional: o toque é uma forma fundamental de conexão humana. Abraçar, dar as mãos e outras expressões físicas de afeto são cruciais para o vínculo emocional.

Segurança e proteção: nossas mãos desempenham uma função protetora, pois as usamos para nos proteger de possíveis danos; por exemplo, quando instintivamente cobrimos o rosto durante uma queda.

Resolução de problemas: nossas mãos são fundamentais na resolução de problemas e na adaptação. Elas são usadas na manipulação de objetos para criar soluções e superar desafios.

Independência: as mãos nos proporcionam independência e autossuficiência. Elas nos permitem cuidar de nós mesmos e realizar tarefas sem assistência constante.

Esportes e recreação: as mãos são essenciais em atividades esportivas e recreativas, permitindo-nos pegar, arremessar, bater e realizar diversos movimentos atléticos.

Sensação tátil: nossas mãos têm vários receptores sensoriais que fornecem *feedback* sobre textura, temperatura e formato dos objetos. Essa informação tátil é crucial para nossa compreensão do mundo físico.

Saúde e higiene: a higiene adequada das mãos, incluindo lavagem e limpeza, é essencial para prevenir a propagação de doenças e manter a nossa saúde.

Significado cultural e religioso: as mãos têm significado cultural e religioso em muitas sociedades. Elas são frequentemente envolvidas em rituais, cerimônias e costumes.

Inovação e tecnologia: as mãos têm desempenhado um papel fundamental no desenvolvimento e no uso de ferramentas e da tecnologia, contribuindo para a inovação e para o progresso humano.

Em resumo, as nossas mãos são instrumentos notáveis, que nos permitem realizar várias atividades físicas, sociais e intelectuais. Elas são essenciais para a nossa vida diária, para a nossa capacidade de nos conectarmos com os outros e compreendermos o mundo.

O sistema muscular das mãos

Não há dúvidas quanto à necessidade de um(à) profissional de unhas conhecer a musculatura das mãos, uma vez que ele(a) trabalha em estreito contato e colaboração com as mãos e os dedos de seus clientes, prestando serviços como manicure, embelezamento e melhorias nas unhas. Na imagem C7-003, um pouco mais à frente, vemos os principais músculos das mãos.

Vamos agora analisar algumas razões pelas quais o conhecimento dos músculos das mãos é necessário e benéfico para um(a) profissional de unhas:

Compreender os movimentos das mãos: o conhecimento dos músculos das mãos ajuda os técnicos de unhas a compreenderem os movimentos naturais das mãos e dos dedos. Esse entendimento é crucial ao modelar as unhas, aplicar esmalte e fazer massagens nas mãos durante o atendimento.

Melhor comunicação com os clientes: estar familiarizado com os músculos das mãos permite que a manicure se comunique de forma eficaz com os clientes. Ela pode discutir os movimentos das mãos e dos dedos, abordar qualquer desconforto ou tensão e adaptar seus serviços às necessidades específicas de cada cliente.

Técnicas de massagem: as massagens nas mãos costumam fazer parte dos serviços de manicure. Compreender os músculos permite que os técnicos de unhas apliquem pressão adequada, atinjam áreas específicas de tensão e proporcionem uma experiência relaxante e terapêutica para o cliente.

Prevenção de lesões: a consciência da anatomia das mãos ajuda a evitar pressão excessiva ou estresse em músculos e articulações específicos. Isso contribui para a prevenção de lesões tanto pela(o) profissional de unha quanto para o(a) cliente.

Serviços eficientes: conhecer a anatomia das mãos permite que o(a) profissional de unhas trabalhe com eficiência e precisão. Isso é particularmente importante ao modelar unhas, aplicar melhorias artificiais ou realizar *nail art* complexas, principalmente diante das novas tendências.

Oferecer conforto ao cliente: uma compreensão adequada dos músculos das mãos ajuda os técnicos de unhas a garantirem o conforto de seus clientes durante os diversos procedimentos. Isso inclui estar atento ao posicionamento das mãos, aplicar a quantidade certa de pressão e evitar esforço desnecessário.

Profissionalismo: os clientes apreciam quando um técnico de unhas demonstra uma compreensão abrangente da anatomia das mãos. Isso acrescenta um nível de profissionalismo ao serviço e inspira confiança nas habilidades do profissional.

Em resumo, um conhecimento sólido da anatomia e da estrutura muscular das mãos aumenta a capacidade do profissional de unhas de fornecer serviços personalizados e de alta qualidade, contribuindo para a satisfação do cliente, promovendo um ambiente de trabalho seguro e permitindo uma abordagem mais abrangente nos cuidados das mãos e das unhas.

Conhecendo os músculos das mãos

Os músculos das mãos são intrincados e afinados, permitindo uma ampla variedade de movimentos e atividades. Eles são categorizados em dois grupos: **músculos intrínsecos** e **músculos extrínsecos**.

Por ser um assunto de grande importância e que dará o alicerce para o(a) profissional de unhas firmar e elevar todo o seu potencial de conhecimento, vamos conhecer cada músculo conforme mostrado na imagem C7-003.

C7 - 003 Conhecendo os músculos das mãos

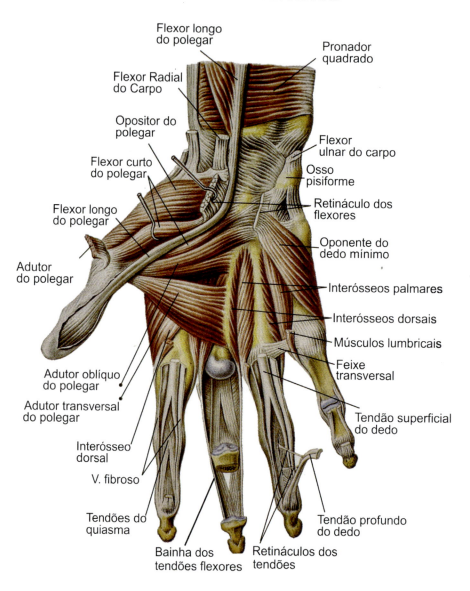

ID: 2088482764 © Nenadmil | shutterstock.com

Músculos intrínsecos

Flexor longo do polegar: é o músculo responsável pelas flexões do polegar nas articulações da falange do metacarpo, articulações interfalângicas e oposição da articulação carpometacarpal, que é a articulação da base do polegar, também chamada de articulação carpometacarpiana, uma articulação especializada, em forma de dupla sela, formada por um pequeno osso do pulso (trapézio) e o primeiro osso do polegar (metacarpiano). Além dessas funções, o flexor longo do polegar dobra e abduz radialmente a articulação da mão.

Pronador quadrado: trata-se de um músculo quadrilátero, delgado, curto e plano, encontrado no compartimento anterior do antebraço. Ele é parte do grupo dos flexores profundos do antebraço junto ao flexor profundo dos dedos e o flexor longo do polegar. Esses três músculos são sobrepostos pelo grupo dos flexores superficiais do antebraço.

O pronador quadrado se estende sobre as partes distais do rádio e da ulna (cúbito). Como o nome indica, sua principal função é a pronação (ato ou efeito de rodar a palma da mão para trás e para baixo, por meio da rotação medial do antebraço) do antebraço.

Graças ao músculo pronador quadrado podemos girar o nosso antebraço e a palma da mão para, por exemplo, digitar em um computador ou executar tarefas nesse sentido. As ações citadas só são possíveis devido às transmissões nervosas do nervo mediano, que permeia com inervação esse músculo.

Flexor ulnar do carpo: o músculo flexor ulnar do carpo está localizado entre os membros superiores e tem sua origem no epicôndilo (saliência óssea localizada na borda do lado de fora do cotovelo) medial do úmero e olecrano da ulna. Como função, o músculo flexor ulnar do carpo flexiona a mão e está envolvido na adução da mão na articulação do punho.

Osso pisiforme: (do latim *pisum*, que significa "ervilha") é um pequeno osso do punho, em forma de ervilha. Ele se encontra na fileira proximal do carpo, onde a ulna se encontra com o carpo, no punho.

Retináculo dos flexores: para efeito de entendimento, saiba de antemão que o retináculo dos flexores é que forma o túnel do carpo, também conhecido como ligamento carpal transverso, um ligamento formado por um denso conjunto de tecido. Esse ligamento, por sua vez, conecta as extremidades medial e lateral do arco carpal, fazendo com que esse arco se transforme em um tipo de túnel, o conhecido túnel do carpo.

Por vezes, pode ocorrer a compressão do nervo mediano, causando uma neuropatia típica, com formigamento e dormência. A causa mais comum da síndrome do túnel do carpo é pelo esforço repetitivo, e conforme o grau da síndrome o tratamento pode ser conservador ou cirúrgico.

Os tendões dos músculos flexores longos do polegar, flexores superficiais dos dedos, flexores profundos dos dedos e o nervo mediano estão situados na face anterior do punho e mantidos no lugar pelo ligamento carpal palmar e, sobretudo, pelo retináculo dos músculos flexores, que é um espessamento da fáscia do antebraço (tecido conjuntivo do corpo, feito principalmente de colágeno, é uma estrutura fibrosa que conecta músculos, ossos, tendões, ligamentos e sangue).

Oponente do dedo mínimo: origina-se do retináculo dos flexores e do hâmulo do hamato, e se insere na superfície ulnar do quinto metacarpo. Esse é o mais forte e o mais profundo de todos os músculos hipotenares.

Interósseos palmares: os músculos interósseos palmares são pequenos músculos da mão que são oriundos dos corpos metacarpais e que ocupam o espaço compreendido entre dois desses ossos. Esses músculos têm como função a adução dos dedos (movimento de colar os dedos um no outro ou a diminuição da distância entre eles), além de flexão das falanges proximais e extensão das falanges distais.

Interósseos dorsais: trata-se de quatro músculos curtos do metacarpo. Eles nascem entre dois ossos adjacentes do metacarpo e sua inervação se dá pelo ramo profundo do nervo ulnar. Esses músculos trabalham em conjunto para abrir os dedos fechados.

Músculos lumbricais: do latim *lumbricidae* = minhoca, são quatro pequenos músculos profundos da mão localizados no metacarpo da fáscia palmar. Os músculos lumbricais iniciam-se nos tendões do músculo flexor profundo dos dedos, inserem-se nas aponeuroses dorsais e são inervados pelos nervos mediano e ulnar.

Feixe transversal: são músculos flexores organizados em formato de feixe, tendo com função o apoio na abertura (afastamento) e na aproximação dos dedos.

Tendão superficial dos dedos: localiza-se no compartimento anterior do antebraço, sobrepondo-se ao flexor profundo dos dedos e ao flexor longo do polegar, e abaixo dos músculos pronador redondo, palmar longo, flexor radial do carpo e flexor ulnar do carpo. As duas cabeças do flexor superficial dos dedos formam um arco muscular, por meio do qual passam o nervo mediano e a artéria ulnar. Esse tendão é inervado por ramos musculares do nervo mediano.

A função mais importante do músculo flexor superficial dos dedos é a flexão dos dedos 2-5 nas articulações interfalângicas e metacarpofalângicas proximais. Ao contrário do flexor profundo dos dedos, o flexor superficial dos dedos apresenta feixes musculares independentes para cada um dos quatro dígitos.

Tendão profundo dos dedos: trata-se de um músculo fusiforme, localizado profundamente no compartimento anterior (flexor) do antebraço que, por sua vez e juntamente ao flexor longo do polegar e o músculo pronador quadrado, forma o compartimento flexor profundo do antebraço, estendendo-se desde a parte proximal da ulna até as falanges distais do segundo ao quinto dedos.

A função predominante do tendão profundo é a flexão dos dedos nas articulações metacarpofalângicas e interfalângicas. Entretanto ele ajuda também na flexão da mão e do punho.

Retináculo dos tendões: têm função semelhante às do retináculo dos flexores, porém atuando na área da falange palmar.

Bainha dos tendões flexores: a bainha do tendão impede o desgaste indevido do tendão ou de ser exposto à fricção excessiva. O interior da bainha é revestido com líquido sinovial. Isso permite que o tendão deslize para a frente e para trás. O nome bainha vem muito a calhar, pois assim como a bainha protege a lâmina da espada ou do facão, a bainha dos tendões flexores protege o tendão contra possíveis desgastes, deslocamentos e/ou lesões.

Tendões do quiasma: são nervos flexores que compõem o enervamento que possibilita o fechamento dos dedos da mão. O termo quiasma é originário do Grego e se refere à forma com que os tendões se cruzam, formando um "x". Assim, *o quiasma* é um símbolo ou ícone em "x", igual àquele que marca o local do tesouro nos fictícios "mapas do tesouro" dos filmes de pirata.

V. fibroso: revestimento protetor que envolve os feixes de nervos.

Interósseo dorsal: trata-se de quatro músculos curtos do metacarpo, que surgem entre dois ossos do metacarpo adjacentes e são inervados pelo ramo profundo do nervo ulnar. A função desses músculos é, trabalhando em conjunto, possibilitar a abertura dos dedos lateralmente (sentido tesoura).

Adutor do polegar + transversal + oblíquo: trata-se de um músculo triangular composto por duas cabeças: uma delas oblíqua e a outra transversal. Esse músculo se estende partindo do terceiro metacarpo e do capitato e finda na base da primeira falange proximal. A função principal do adutor transversal é promover a adução do polegar na articulação carpometacarpal. Adução é o movimento de retorno do polegar à sua posição reta e paralela aos demais dedos quando ele está baixado e tocando a palma da mão.

Flexor longo do polegar: como o próprio nome já diz, trata-se de um músculo longo presente no antebraço, pertencente ao grupo dos flexores profundos desse membro. O flexor inicia no antebraço e se insere na mão.

É interessante saber que esse músculo se origina em uma ampla área do rádio e nas estruturas adjacentes, atravessa três articulações e finalmente se insere na falange distal do polegar.

A função principal do flexor longo do polegar é a flexão do polegar na articulação interfalângica, que constitui um movimento essencial para a preensão.

Palmar longo: está situado na face anterior do antebraço. É um músculo delgado que se estende do epicôndilo medial do úmero à aponeurose palmar. É um dos músculos inconstantes do corpo, tendo como função auxiliar na flexão do punho e tensionar a aponeurose palmar.

Flexor ulnar do carpo: é o músculo flexor mais medial do compartimento superficial do antebraço. Ele pode aduzir e flexionar o pulso ao mesmo tempo. Atua em conjunto com o FCR para flexionar o punho e com o extensor ulnar do carpo para aduzir o punho. Esse músculo é o único músculo do compartimento anterior totalmente inervado pelo nervo ulnar.

Palmar curto: o músculo palmar curto é um fino músculo quadrilátero localizado próximo ao lado ulnar da mão. Trata-se de um ramo do nervo ulnar, uma terminação do fascículo medial originado do tronco inferior, sendo uma junção das raízes do segmento C8 e T1, mas às vezes também pode conter fibras de C7.

Músculos hipotenares: encontrados na base do dedo mínimo, na lateral da palma, controla os movimentos desse dedo.

- Adutor: permite apertar com o dedo mínimo.

- Abdutor do mínimo: leva o dedo mínimo de uma parte a outra (ex.: tocar a palma da mão).

- Flexor do mínimo: flexiona o dedo mínimo.

Músculos interósseos: encontrados entre os ossos metacarpais, responsáveis pelos movimentos dos dedos.

Interósseos dorsais: abduzir os dedos (afastá-los).

Palmar interósseo: aduza os dedos (junte-os).

Músculos extrínsecos

Esses músculos têm origem fora da mão, geralmente no antebraço, e seus tendões se estendem até a mão para controlar os movimentos dos dedos.

Músculos flexores:

- Flexor superficial dos dedos (FDS): flexiona as falanges médias dos dedos.
- Flexor profundo dos dedos (FDP): flexiona as falanges distais dos dedos.

Músculos extensores:

- Extensor dos dedos: estende os dedos e o pulso.
- Extensor do indicador: estende o dedo indicador.
- Extensor do dedo mínimo: estende o dedo mínimo.
- Extensor longo e curto do polegar: estende o polegar.

Eminência tenar e eminência hipotênar: essas são as áreas musculares proeminentes na base do polegar e do dedo mínimo, respectivamente.

Palmar longo e aponeurose palmar: o palmar longo é um músculo longo e delgado que vai do antebraço até a palma da mão, e a aponeurose palmar é um tendão largo e plano que cobre a palma da mão. Esses músculos trabalham em coordenação para realizar vários movimentos das mãos, incluindo agarrar, manipular objetos e movimentos complexos dos dedos.

A complexidade e a precisão dos músculos das mãos tornam-nos essenciais para uma ampla gama de atividades diárias.

Pulsos

Reserve um tempinho, movimente as suas mãos e observe, por exemplo, quando apanha algo. Note a importante função que nossos pulsos exercem, observe que eles trabalham em conjunto com suas mãos para realizar as mais diversas tarefas. São os pulsos que direcionam e firmam as mãos e às preparam para todas as atividades, seja durante um exercício físico, na execução do trabalho da manicure, no dia a dia do agricultor, na digitação do escritor, enfim, em tudo a parceria pulso/mão é imprescindível.

C7 - 004 Pulso

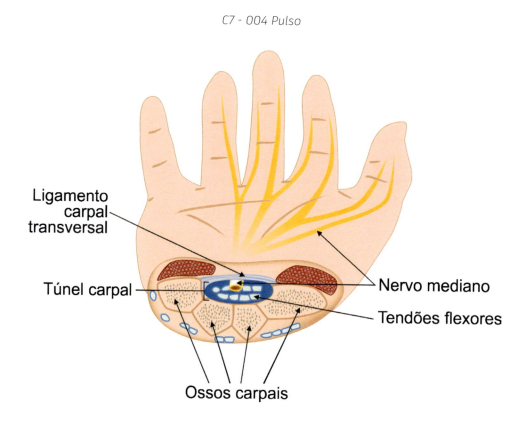

C7-004 ID:22044350 © Alila07 | Dreamstime.com

Sabendo disso, podemos deduzir e afirmar que a saúde dos pulsos é crucial para o bom funcionamento das mãos, pois se trata de uma articulação crítica do corpo humano que conecta a mão ao antebraço e sempre está em atividade; um sem o outro nada faz.

Vejamos algumas características funcionais dos nossos pulsos:

Estrutura articular: os punhos são estruturas articulares complexas compostas por oito ossos do carpo que conectam a mão ao antebraço. Essas articulações proporcionam flexibilidade e mobilidade à mão.

Estabilidade e suporte: os pulsos proporcionam estabilidade e suporte à mão durante diversas atividades. Eles são cruciais para a sustentação de peso e atividades que envolvem a transmissão de força da mão para o antebraço.

Amplitude de movimento: os pulsos permitem a realização de vários movimentos, incluindo flexão, extensão, abdução e adução. Essa flexibilidade é essencial para executar uma variedade de tarefas.

Túnel do carpo: o túnel do carpo, uma passagem no punho, abriga o nervo mediano e os tendões (ver imagem C7-003).

Suporte para ferramentas e instrumentos: os pulsos fornecem uma base estável para o uso de ferramentas e instrumentos, incluindo utensílios de escrita, instrumentos musicais e instrumentos cirúrgicos.

Trabalho manual e força de trabalho: os pulsos são cruciais para aqueles que exercem atividades de trabalho manual, pois caso apresentem alguma enfermidade, essa condição afeta diretamente sua capacidade de realizar tarefas com eficiência.

Manter a saúde e o bem-estar das mãos e dos pulsos é vital para uma alta qualidade de vida. O exercício regular, a ergonomia adequada e a atenção imediata a qualquer dor ou desconforto podem ajudar a manter essas partes essenciais do corpo em boas condições. Em caso de lesões ou problemas crônicos, é aconselhável consultar um profissional médico para diagnóstico e tratamento precisos.

Síndrome do Túnel do Carpo (STC)

O túnel do carpo é chamado assim por ser uma passagem em forma de túnel por meio da qual nervos e tendões passam do antebraço para a mão. O túnel é composto por ligamentos, tendões e ossos adjacentes. Como mostrado na imagem seguinte, o nervo mediano fica localizado na face palmar do pulso e passa pelo túnel do carpo. Este nervo produz sensibilidade ao polegar, dedo indicador, dedo médio e ao lado do dedo anelar que fica voltado para o polegar.

Várias são as causas que podem desencadear a doença, como trabalho manual com movimentos repetidos, pessoas que não costumam fazer trabalhos manuais, associação com alterações hormonais como menopausa e gravidez, fato que explica o porquê de haver mais mulheres acometidas com a síndrome do que homens. Existe ainda o fator doenças associadas, que podem dar início à síndrome: diabetes mellitus, artrite reumatoide, alterações da tireoide e outras causas ainda desconhecidas.

As lesões mais comuns no punho incluem torções, distensões, fraturas e – a mais recorrente –: a síndrome do Túnel do Carpo.

A síndrome do Túnel do Carpo é a compressão dolorosa (pinçamento) do nervo mediano quando ele passa pelo túnel do carpo no pulso (ver imagem C7-004).

Sintomas da STC

Como já dito, a síndrome do Túnel do Carpo (STC) é uma condição comum que afeta a mão e o punho. A STC ocorre quando o nervo mediano, que atravessa o túnel do carpo (uma passagem estreita no punho), é comprimido, causando uma lesão.

A STC pode dar origem a vários sintomas, que vão de leves a graves. Os sintomas mais comuns da síndrome do túnel do carpo incluem:

- Dormência e formigamento: um dos sintomas característicos é a dormência e o formigamento no polegar, dedo indicador, dedo médio e no lado do polegar do dedo anular. Essa dormência e esse formigamento geralmente ocorrem à noite.

- Dor: muitas pessoas com STC sentem dor na mão e no pulso afetados. A dor pode irradiar do braço em direção ao cotovelo.

- Fraqueza: à medida que a condição progride, a pessoa acometida poderá sentir fraqueza nas mãos, o que pode causar dificuldade em tarefas que exigem habilidades motoras minuciosas, como abotoar uma camisa ou segurar pequenos objetos.

- Sensação de queimação: algumas pessoas relatam uma sensação de queimação ou febril nos dedos afetados.

- Perda de coordenação dos movimentos: a sensibilidade reduzida e a fraqueza podem resultar em perda de coordenação e controle motor refinado da mão.

- Dificuldade em agarrar objetos: indivíduos com STC costumam achar difícil agarrar objetos ou podem deixar cair coisas das mãos com mais frequência.

- Sintomas em vários dedos: embora a STC afete principalmente os dedos polegar, indicador, médio e anular, algumas pessoas apresentam sintomas na mão inteira.

- Dor no pulso: dor no pulso e desconforto (sintoma mais comum) podem estar presentes na área do pulso, principalmente na palma da mão.

- Sintomas agravados por certas atividades: os sintomas podem ser exacerbados por atividades que envolvem movimentos repetitivos das mãos, como digitar, usar o mouse do computador, tocar instrumentos musicais ou participar de atividades com tensão nas mãos e nos pulsos.

- Alívio com aperto ou massagem na mão: muitas pessoas com STC relatam ter alívio temporário dos sintomas apertando e massageando a mão.

É importante observar que os sintomas da síndrome do túnel do carpo podem variar em tipo e intensidade de pessoa para pessoa.

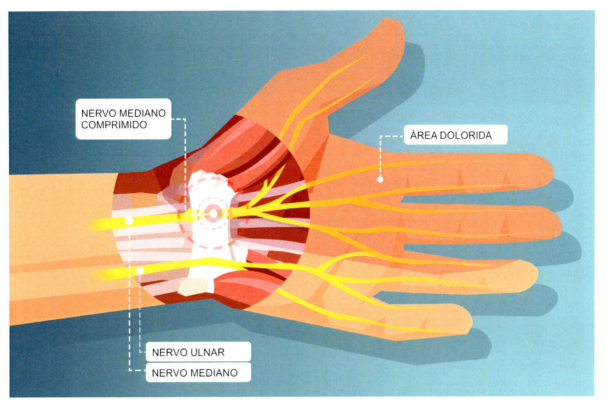
C7 - 005 Sintomas da STC

ID:175531255 © Kiosea39 | Dreamstime.com

Cuidados com a saúde dos pulsos

Os nossos pulsos (ou punhos) exercem uma série de movimentos, incluindo flexão, extensão, abdução (afastamento do corpo) e adução (movimento em direção ao corpo). Essa flexibilidade é essencial para a realização de atividades cotidianas. No entanto, como já mencionado, devido a movimentos repetitivos e por outras razões, como quedas, acidentes esportivos, uso excessivo e esforço repetitivo, podem ocorrer lesões no pulso.

Problemas no pulso podem se manifestar por meio de dor, inchaço, rigidez, fraqueza, dormência, formigamento ou redução da amplitude de movimento. Se sentir algum desses sintomas é essencial consultar um profissional de saúde para um diagnóstico completo e preciso.

Prevenção e cuidados

Para manter a saúde do pulso e prevenir lesões considere o seguinte:

- Certifique-se de que a configuração do seu espaço de trabalho seja adequada para reduzir a tensão nos pulsos, mãos e costas. Regule a altura da cadeira, de forma que os braços permaneçam apoiados paralelamente à mesa, use o encosto da cadeira enquanto trabalha, tente se manter com o tronco na vertical e em ângulo de 90 graus em relação às coxas.

- Enquanto faz unha, que é uma profissão que demanda movimentos repetitivos do pulso, considere usar apoios de borracha ou de silicone para os pulsos.

- Durante atendimentos demorados, faça pausas regulares para alongar e aliviar a tensão nos braços, pulsos e mãos. Prevenir é a melhor forma de evitar lesões.

- Nos momentos de lazer, proteja seus pulsos; por exemplo, durante a prática de esportes use equipamento de proteção em atividades que apresentem risco de lesões, bem como flexões, barra, supino e outros.

Em caso de lesões no punho ou doenças crônicas, o tratamento adequado é crucial. As opções de tratamento podem incluir repouso, fisioterapia, medicamentos anti-inflamatórios, talas ou aparelhos ortodônticos e, em alguns casos, a cirurgia é recomendada.

Exercícios de fortalecimento podem ajudar a prevenir lesões no pulso e melhorar a estabilidade.

Se sentir dor persistente no punho, mobilidade limitada ou sinais de lesão é importante consultar um profissional de saúde. Somente um(a) médico(a) especialista poderá fornecer um diagnóstico adequado e recomendar o método de tratamento apropriado.

Se você for submetido a uma cirurgia ou tiver uma lesão significativa no pulso, siga as instruções do seu médico para recuperação e reabilitação. Ausente-se do trabalho por um tempo. Fisioterapia e programas de exercícios podem ser necessários para recuperar a força e a função.

Lembre-se de que cuidar dos pulsos é essencial para manter a qualidade de vida em geral, pois eles desempenham um papel vital em muitas atividades diárias, principalmente no seu trabalho no salão de beleza.

Se você tiver dúvidas sobre a saúde do seu pulso ou tiver algum sintoma que aparenta problema, não hesite em procurar aconselhamento e tratamento médico profissional.

Tendinite

Tendinite é o nome que se dá à lesão que causa a inflamação do tendão que passa pelo túnel de carpo em nosso pulso. Geralmente, a tendinite é causada por trabalho excessivo da região, movimento repetitivo ou tensão excessiva no tendão.

C7 - 006 Tendinite

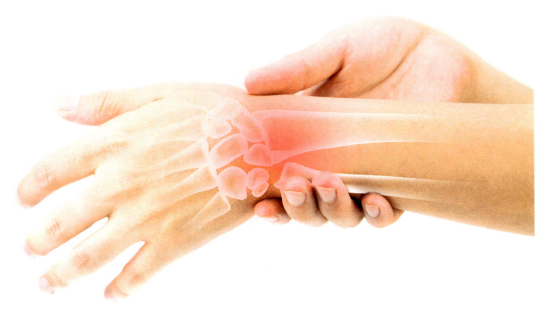

ID: 71514462 | Tendonitis © Horillaz | Dreamstime.com

Praticamente todos os(as) profissionais de unha já tiveram a experiência de serem acometidos pela tendinite e, infelizmente, na maioria das vezes, por ignorarem ações preventivas e/ou os sintomas de aviso, ou seja, pistas que o organismo dá para comunicar que algo não vai bem.

Para evitar a tendinite ou reduzir o risco de desenvolvê-la, recomendo a você que siga algumas medidas preventivas:

Ergonomia e técnica adequadas:

- Garanta uma ergonomia adequada no seu espaço de trabalho, seja como secretária, em frente a um computador ou num trabalho fisicamente exigente como o das manicures; mantenha a postura correta e use ferramentas e equipamentos apropriados.

- Se é um(a) desportista nas horas vagas e/ou de lazer, use técnicas adequadas ao praticar atividades físicas ou esportes, evitando sobrecarga nos tendões, juntas e músculos.

Progressão gradual:

- Ao iniciar um novo programa de exercícios ou aumentar a intensidade ou duração dos treinos, faça-o gradualmente. Exercícios repentinos e intensos aumentam o risco de tendinite.

Aquecimento e alongamento:

- Sempre aqueça antes de iniciar o trabalho do dia e/ou iniciar exercícios ou atividades físicas. Esse procedimento é necessário para preparar músculos e tendões e, assim, evitar lesões. Abrace a prática de alongamento. Faça disso um hábito.

- Após as atividades faça alongamentos estáticos para melhorar a flexibilidade.

Treinamento de força:

- Inclua exercícios de força em sua rotina de exercícios semanais para fortalecer os músculos ao redor dos tendões. Músculos fortes fornecem melhor suporte para os tendões e tendem a minimizar ocorrências de lesões.

Calçados e equipamentos adequados:

- Use calçado adequado às atividades escolhidas para fornecer apoio e reduzir a tensão nos tendões.
- Certifique-se de que seu equipamento esteja em boas condições e se encaixe corretamente.

Descanso e recuperação:

- Reserve tempo suficiente para descanso e recuperação entre os treinos para evitar lesões por uso excessivo.
- Se notar algum sinal precoce de tendinite (como dor, inchaço ou desconforto) não o ignore. Dê tempo ao seu corpo para se curar.

Treinamento cruzado:

- Evite movimentos repetitivos, incorporando o treinamento cruzado em sua rotina de exercícios. Isso pode ajudar a distribuir o estresse de maneira mais uniforme entre os diferentes grupos musculares e tendões.

Hidratação e nutrição:

- Mantenha-se hidratado para manter uma boa saúde dos tecidos. A nutrição adequada com uma dieta balanceada pode apoiar a saúde geral dos tendões.

Medidas anti-inflamatórias:

- Considere o uso de gelo ou medidas anti-inflamatórias após exercício ou atividade física para reduzir a inflamação e a dor.

Consulte um profissional:

- Se você tiver histórico de tendinite, consulte um profissional de saúde ou um fisioterapeuta. Eles podem fornecer orientações sobre prevenção e recomendar exercícios ou tratamentos para fortalecer e proteger os tendões.

Apoio ou fita adesiva:

- Em alguns casos, o uso de aparelhos ortopédicos ou fita adesiva pode ajudar a reduzir a tensão em tendões específicos durante atividades físicas.

Evite força excessiva e uso excessivo:

- Evite força excessiva e uso excessivo dos tendões. Ouça o seu corpo. Se sentir dor ou desconforto, descanse e procure orientação médica se necessário.

Sono e recuperação adequados:

- Certifique-se de dormir adequadamente e praticar uma boa higiene do sono. O sono é essencial para a reparação dos tecidos, nervos e músculos, e a saúde geral.

Lembre-se de que o risco de tendinite varia de pessoa para pessoa de acordo com suas atividades e estilo de vida. Se você suspeita que tem tendinite, consulte um profissional de saúde para um diagnóstico preciso e recomendações personalizadas para prevenção e tratamento.

A postura correta da(o) profissional de unha

Manter uma postura correta ao se sentar para trabalhar é essencial para prevenir desconfortos e reduzir o risco de problemas musculoesqueléticos, bem como tendinites e lesões graves, como a síndrome do Túnel do Carpo. Aqui estão os elementos-chave de uma boa postura para se sentar:

C7 - 007 A postura correta

ID:57387078 © Wavebreakmedia Ltd | Dreamstime.com

Seleção e regulagem da cadeira:

- Escolha uma cadeira que forneça suporte lombar (parte inferior das costas) adequado. A cadeira deve ter encosto ajustável e ser confortável para se sentar por longos períodos.

Suporte traseiro:

- Sente-se com as costas totalmente apoiadas no encosto da cadeira, mantenha a região lombar apoiada a maior parte possível do tempo.

Pés apoiados no chão:

- Mantenha os pés apoiados no chão ou em um apoio para os pés. Seus joelhos devem estar no nível do quadril ou ligeiramente abaixo. Pessoas de baixa estatura (média de 1,52 m) tendem a ficar com os pés pendurados ao se sentarem em uma cadeira com regulagem normal ou sem apoiar totalmente os pés no chão; se esse for o seu caso, use o apoio de pés.

Joelhos e quadris a 90 graus:

- Posicione os joelhos e os quadris em ângulos de aproximadamente 90 graus. Use um apoio para os pés se eles não alcançarem o chão confortavelmente.

Coxas paralelas ao chão:

- Mantenha as coxas paralelas ao chão. Seu peso deve ser distribuído uniformemente sobre o assento da cadeira ao invés de inclinar-se para frente, para trás ou para os lados.

Cotovelos próximos ao corpo:

- Posicione os cotovelos próximos ao corpo, formando um ângulo entre 90 e 120 graus. Ajuste a altura da cadeira ou use apoios de braços se necessário.

Pulsos e mãos:

- Seus pulsos e mãos devem estar em posição neutra, reta e confortável enquanto você trabalha. Mantenha os braços estendidos na horizontal de forma que permita que os pulsos fiquem retos também.

Posicionamento da lâmpada:

- Certifique-se de que o equipamento de iluminação esteja um pouco acima da altura dos olhos ou um pouco abaixo para que você possa ver o que faz sem ter que forçar o pescoço. Ajuste a altura e o ângulo de tudo antes de iniciar os trabalhos.

Mantenha a coluna neutra:

- Mantenha a coluna numa posição neutra e natural com as suas três curvas naturais (cervical, torácica e lombar). Evite curvar-se ou inclinar-se para a frente ou para os lados.

Use uma almofada para maior conforto:

- Se necessário, você pode usar uma almofada ou travesseiro pequeno para proporcionar conforto e apoio adicional à região lombar ou para ajustar a altura da cadeira.

Pausas regulares:

- Faça pausas regulares para se levantar, alongar-se e movimentar-se. Ficar sentado por muito tempo, mesmo com boa postura, ainda pode causar desconforto e problemas de saúde.

Sente-se totalmente na cadeira:

- Sente-se totalmente na cadeira para que suas costas fiquem apoiadas. Evite sentar-se na beirada do assento, pois isso pode forçar a região lombar e acarretar problemas.

Envolva seus músculos centrais:

- Envolva suavemente os músculos centrais para ajudar a apoiar a coluna, mas não os aperte ou tensione demais.

Equilíbrio e distribuição de peso:

- Equilibre o peso uniformemente em ambos os quadris. Evite cruzar as pernas por longos períodos, pois isso pode afetar a circulação e causar desconforto.

Lembre-se de que manter uma boa postura é um esforço contínuo. Preste atenção aos sinais do seu corpo e faça os ajustes necessários para garantir conforto e alinhamento adequado. Pausas e movimentos regulares também são essenciais para aliviar os potenciais efeitos negativos da sessão prolongada.

É claro que não será possível manter-se rigorosamente na posição correta o tempo todo, porém, sempre que der uma escapadela, lembre-se de voltar à posição original.

Dor nas mãos e possíveis causas

É claro que nem toda dor nas mãos é devido ao que já foi falado até aqui neste capítulo. Muitas vezes as causas são outras ou até mesmo desconhecidas. As dores nas mãos podem ter causas que variam desde seu uso excessivo em determinadas tarefas, excesso de força exercido pelas mãos, ferimentos internos e externos, e até mesmo condições médicas mais graves.

C7 - 008 Dor nas mãos

ID107649702 © Kowniewping |Dreamstime.com

Para um diagnóstico preciso sobre as causas de dor nas mãos, recomendo que você procure orientação médica especializada. Somente um(a) profissional de saúde está habilitado(a) a examinar e solicitar exames que deem um norte para a busca de tratamento e cura. Dito isso, deixo aqui uma pequena lista das causas mais comuns que levam a dor nas mãos:

Tensão repetitiva: como já falado, o uso excessivo da mão e do pulso em atividades como digitar, usar o mouse do computador, tocar instrumentos musicais ou trabalho manual repetitivo pode levar a doenças como síndrome do túnel do carpo e tendinite.

Síndrome do túnel do carpo: também já falado neste capítulo, a síndrome do túnel do carpo ocorre quando o nervo mediano do punho é comprimido, o que causa dor, dormência e/ou formigamento nas mãos e nos dedos, principalmente nos dedos polegar, indicador, médio e anular.

Tendinite: outra causa tratada neste capítulo é a inflamação dos tendões da mão ou do punho, que pode causar dor, especialmente em áreas onde os tendões correm perto da superfície da pele.

Artrite: a osteoartrite e a artrite reumatoide podem afetar as articulações das mãos, causando dor, rigidez e redução da amplitude de movimento.

Fraturas e entorses: uma lesão na mão, como fratura ou entorse, pode resultar de quedas, prática de esportes ou acidentes, causando dor aguda.

Cistos ganglionares: são nódulos não cancerosos cheios de líquido, normalmente encontrados nas costas da mão, no pulso ou nos dedos. Eles podem causar desconforto, sensação de ardor e dor.

Tenossinovite de De Quervain: esta condição caracteriza-se pela irritação ou tumefação dos tendões no lado do punho referente ao polegar. A inflamação alarga a bainha tendinosa, causando a constrição do tendão, prejudicando substancialmente seu deslizamento pela bainha.

Compressão ou lesão do nervo: a compressão ou lesão do nervo, como compressão do nervo ulnar ou lesão do nervo radial, semelhante à síndrome do túnel do carpo, pode causar dor, dormência e fraqueza na mão afetada.

Infecções: em alguns casos, infecções, seja por corte, lesão ou condição médica subjacente, podem causar dor, vermelhidão e inchaço nas mãos.

Contratura de Dupuytren: esta condição envolve o espessamento e a rigidez do tecido da palma da mão, causando dor latejante moderada. Trata-se de uma doença hereditária comum em que um ou mais dedos se contraem, isto é, ficam dobrados para dentro da palma da mão. A causa desse atrofiamento ainda permanece desconhecida. Sabe-se que os homens são mais afetados do que as mulheres e normalmente acomete adultos após os 40 anos de idade.

Gota: trata-se de um tipo de artrite que pode causar dor súbita e intensa, afetando frequentemente as articulações das mãos, especialmente as dos dedos.

Doença ou fenômeno de Raynaud: esta condição pode fazer com que os dedos fiquem brancos, azuis ou roxos em resposta ao frio ou ao estresse, o que pode ser acompanhado de dor e dormência. O fenômeno de Raynaud ocorre quando as artérias dos dedos das mãos e dos pés se tornam mais estreitas do que o normal e limitam temporariamente o fornecimento de sangue quando expostos a frio intenso ou ao estresse. Com o tempo, essas pequenas artérias podem ligeiramente "estrangular-se", limitando ainda mais o fluxo sanguíneo.

Síndrome do túnel cubital: semelhante à síndrome do Túnel do Carpo, esta condição envolve a compressão do nervo ulnar no cotovelo, causando dor nas mãos e dormência nos dedos anelar e mínimo.

Os sintomas são dor e parestesia no cotovelo no trajeto do nervo ulnar. O diagnóstico é sugerido pelos sinais e sintomas e, às vezes, por exames da condução neural.

Dedo em gatilho: a tenossinovite estenosante, ou dedo em gatilho, como é comumente chamada, ocorre quando o tendão flexor fica preso em sua polia na base do dedo. Toda vez que a pessoa fecha a mão por completo, ela não consegue esticá-la; e quando consegue, ocorre de maneira súbita e dolorosa, acompanhada por um "clique" semelhante ao barulho do gatilho de revólver. Daí o nome.

Condições médicas subjacentes: a dor nas mãos pode ainda ser reflexo ou sintoma de condições médicas subjacentes, como diabetes, distúrbios da tireoide ou doenças autoimunes.

Se você sentir dor persistente ou intensa nas mãos é importante consultar um profissional de saúde para que se tenha um diagnóstico apurado e os cuidados adequados. O tratamento para dor nas mãos varia muito, pois depende da causa subjacente, e o tratamento inclui: repouso, fisioterapia, medicamentos, talas ou, em alguns casos, cirurgia.

Como sempre enfatizo, o diagnóstico precoce e os cuidados adequados ajudam a aliviar a dor e a prevenir complicações futuras.

Capítulo 8
Anamnese

O termo "Anamnese" refere-se ao processo de recordar ou lembrar de eventos, experiências ou histórico médico passados, particularmente no contexto do histórico médico de um paciente ou de uma entrevista com um profissional de saúde. Em ambientes médicos, estéticos (e esse é o nosso caso) e de saúde em geral, a anamnese é a coleta e a documentação de informações sobre o histórico médico de um paciente ou cliente, incluindo detalhes sobre seus sintomas, doenças anteriores, medicamentos, alergias, estilo de vida e qualquer outra informação relevante.

C8 - 001 Anamnese

ID: 26411690 © Tsyhun | Dreamstime.com

A palavra "anamnese" tem origem do grego ἀνάμνησις e significa "lembrança", "recordação" ou, ainda, "trazer à memória".

Para um atendimento de qualidade, o bom profissional de unhas não pode deixar passar ou ignorar cada palavra que o cliente disser. Tudo deve ser levado em conta, ser devidamente anotado e depois passado para o sistema e arquivado na ficha dele. Durante o processo de anamnese, o diálogo deve ser recíproco, assim, enquanto o profissional busca extrair informações importantes do cliente, este expõe seu histórico e fala sobre o que é relevante naquele momento.

Diz o ditado que "sem conhecer o passado nunca entenderíamos o presente e sequer conseguiríamos planejar o futuro". Isso também se aplica à saúde e, em nosso caso, ao processo de recebimento de um novo cliente no salão de beleza.

Como sabemos, cada ser humano é único e a saúde de cada um é composta de muitas variáveis, ou seja, em nossa estrutura somos iguais, porém cada um tem uma dinâmica de vida e saúde muito diferentes.

Diante da complexidade e diferenças entre cada pessoa, para se estabelecer diagnósticos precisos é necessário ponderar fatos importantes por meio do diálogo e de um olhar atento e aguçado.

Com isso, como profissionais de beleza, devemos lembrar que a Anamnese é um passo crucial do pré-atendimento e no processo de diagnóstico, pois a compreensão do histórico de saúde de um cliente fornece informações valiosas sobre a sua condição atual e ajuda os profissionais a fazerem diagnósticos precisos, sem suposições, e a desenvolver planos de serviços e tratamentos adequados a cada um, minimizando substancialmente as chances de cometer erros e ter resultados indesejados.

Durante a anamnese, os profissionais costumam fazer perguntas para coletar informações sobre a saúde do cliente, histórico familiar e outros fatores que podem ser relevantes para suas preocupações médicas atuais.

Embora o termo "anamnese" seja tradicionalmente associado à área médica, sua importância para a(o) profissional de unhas reside na coleta de informações relevantes sobre a saúde das unhas e das mãos da cliente.

Aqui estão vários motivos pelos quais a coleta de informações semelhantes à anamnese é crucial para um(a) profissional de unhas:

Consulta ao cliente: a anamnese no contexto do cuidado das unhas envolve a realização de consultas minuciosas aos clientes. Isso inclui a coleta de informações sobre sua saúde geral, quaisquer condições médicas existentes e medicamentos que possam estar tomando. Certas condições de saúde ou medicamentos podem afetar a saúde das unhas e da pele ao redor delas.

Alergias e sensibilidades: saber o histórico de um cliente ajuda os técnicos de unhas a identificarem quaisquer alergias ou sensibilidades que possam ter a determinados produtos para unhas. Isso é crucial na escolha de produtos apropriados para evitar reações adversas.

Serviços adquiridos anteriormente em outros estabelecimentos: conhecer as experiências anteriores de uma cliente com serviços de manicure fornece conhecimento sobre suas preferências, quaisquer problemas que possam ter encontrado e os resultados que desejam. Essas informações auxiliam na adequação dos serviços para atender às expectativas do cliente.

Distúrbios e condições das unhas: os clientes podem ter distúrbios ou condições nas unhas que requerem atenção especial ou cuidados específicos. A coleta de informações sobre a saúde das unhas permite ao profissional prestar serviços seguros e adequados às necessidades individuais ou até mesmo de rejeitar executar certos serviços dependendo das condições anteriores.

Higiene e segurança: informações colhidas na anamnese ajudam as manicures a garantirem a higiene e a segurança adequadas durante os serviços. Por exemplo, se um cliente tiver um problema de pele, o técnico pode tomar precauções para evitar o agravamento do quadro e proporcionar uma experiência segura e confortável com o uso de equipamentos e produtos diferenciados e específicos.

Instruindo os clientes: conversar sobre o histórico das unhas e das mãos de um(a) cliente oferece uma oportunidade para o(a) técnico(a) de unhas instruí-lo sobre práticas adequadas de cuidados com as unhas, higiene e manutenção entre as visitas ao salão. Isso contribui para o bem-estar geral das unhas e mãos e aumenta a credibilidade do(a) profissional.

Conforto e satisfação do cliente: compreender as preferências e as preocupações de um(a) cliente contribui para o seu conforto e a sua satisfação geral com os serviços de unhas. Adaptar os serviços com base na história dele ajuda a criar uma experiência positiva e personalizada.

Embora o termo "anamnese" não seja comumente usado na indústria da beleza, o conceito de coletar informações abrangentes sobre a saúde das unhas e das mãos do cliente é essencial para fornecer serviços personalizados e cuidados eficazes para cada pessoa, além de permitir ao(a) profissional oferecer tratamentos individuais e seguros que se alinham com as necessidades de cada cliente e contribuem para o seu bem-estar geral.

Quem deve fazer a anamnese?

Aqui devo enfatizar que a anamnese não é apenas uma função dos médicos, mas de todos os profissionais envolvidos no atendimento multidisciplinar de um indivíduo, seja no consultório médico, no salão de beleza, na academia de ginástica e em outros ambientes. Além disso, sua efetividade também passa pela colaboração do próprio paciente ou cliente ao prestar as informações pertinentes com veracidade e riqueza de detalhes.

Sabemos que quando se trata de procedimentos relacionados à saúde, pequenos fatores podem melhorar substancialmente os diagnósticos e levar a um resultado mais preciso e satisfatório. Nesses casos, uma simples informação, como uma dor, um sintoma ou uma alergia auxilia o profissional na elaboração ou no declínio de um procedimento almejado pelo cliente, sempre em prol do seu bem-estar.

Como dizer não a uma solicitação de procedimento

C8 - 002 Como dizer não a um procedimento

ID: 177566649 © Mustsansar Syed | Dreamstime.com

Dizer não a um(a) cliente é desafiador, sendo imprescindível se comunicar de forma amistosa, clara, séria, verdadeira e profissional.

O diálogo entre cliente e profissional de unhas é quase sempre um fator decisivo para o bom relacionamento do salão e sua clientela, e o que ameniza os efeitos de um "não" é a forma como ele é dito. Nem sempre é preciso usar o "não" de forma literal, utilizando palavras que não os entristeçam ou os frustrem tanto, mas expliquem e passem a credibilidade necessária, demonstrando interesse real pelo bem-estar do cliente.

Um exemplo de um "**não**" implícito seria: "Embora seja imenso o nosso desejo em atendê-la(o), sentimos muito em comunicá-la(o) a impossibilidade de realizar o procedimento no momento porque... (seguem explicações detalhadas)".

Aqui estão algumas dicas sobre como negar mantendo uma postura profissional e a receptividade e o apreço do(a) cliente:

Seja honesto e direto

Comunique claramente os seus motivos para recusar a execução do procedimento. Quer seja por limitações de tempo, falta de experiência num serviço específico, riscos à saúde ou qualquer outro motivo. A honestidade é crucial.

Use linguagem educada

Mantenha um tom sério, porém ameno, calmo, profissional e educado. Você pode dizer algo como: "Agradeço de coração o seu interesse em solicitar nossos serviços, sinto muito mesmo, mas infelizmente, devido às condições que vejo, não é seguro para você realizar esse procedimento no momento".

Oferecer alternativas

Se possível, sugerir alternativas que atendam às necessidades do cliente. Isso mostra que você valoriza atendê-lo(a) e está disposto(a) a ajudar de outras maneiras.

Definir limites

Não há problema em estabelecer limites e comunicar quais serviços você pode ou não fornecer. Isso ajuda a gerenciar as expectativas do cliente e evita mal-entendidos no futuro.

Expressar arrependimento

Informe ao cliente que você se arrepende de não ter conseguido atender à solicitação dele. Isso ajuda a amenizar o impacto da recusa. Procure ser sincero em tudo que disser.

Consulte outros profissionais

Se for o caso, consulte e recomende outros profissionais mais adequados para atender às necessidades do(a) cliente. Isso mostra que você está genuinamente interessado em ajudá-lo a encontrar uma solução.

Mantenha o profissionalismo

Mantenha a conversa profissional e evite ficar na defensiva. Lembre-se de que não há problema em dizer "não" quando necessário e os clientes apreciarão sua honestidade. Vai por mim.

Forneça uma explicação clara, sincera e objetiva

Se o cliente insistir em uma explicação, forneça uma explicação clara e concisa. Evite entrar em detalhes excessivos, mas certifique-se de que eles entendam sua decisão.

Ofereça para revisitar o pedido no futuro

Se a situação permitir, manifeste a sua vontade de rever o pedido do cliente em outra situação. Isso manterá a porta aberta para outro momento atendê-lo. O que vai marcar mesmo é seu posicionamento, demonstrando real interesse em proteger a saúde e o bem-estar do cliente.

Exemplo: "Muito obrigado pelo seu interesse no serviço de aplique de unhas em gel. Agradeço sinceramente o seu interesse, porém, infelizmente, neste momento não poderei executar o serviço, pois já estamos próximo do encerramento do nosso expediente. Peço desculpas por qualquer inconveniente que isso possa causar e se for do seu interesse, posso agendá-lo(a) para amanhã no primeiro horário, e então terei enorme prazer em atender à sua solicitação. Caso queira pensar, não hesite em entrar em contato para o agendamento".

Lembre-se de que uma comunicação clara é fundamental e ser respeitoso(a) e profissional em sua resposta ajudará a manter um relacionamento positivo com o(a) cliente. Como sabemos, o cliente é a peça fundamental para um negócio de sucesso.

Etapas de atendimento padrão

As etapas de um procedimento, que no nosso caso engloba serviços de manicure ou pedicure, podem variar dependendo das preferências específicas de cada cliente e das ofertas de serviços prestados pelo salão. Isso posto, segue as etapas gerais envolvidas em um serviço de manicure padrão.

Saudação

Esse é aquele momento que vai ficar gravado na mente da(o) cliente para sempre, por isso deve ser simplesmente o máximo. A profissional dá as boas-vindas à cliente, mostra a cadeira de atendimento, mostras as acomodações e onde fica o banheiro, o recipiente com água, café, chá etc. e então, após a cliente se acomodar, inicia-se a discussão básica das suas preferências, suas preocupações com a saúde das unhas e o tipo de serviço que deseja.

Anamnese

Como já falado e explanado em tópicos anteriores neste capítulo, essa é a primeira e a mais importante etapa de qualquer procedimento para novos clientes. Como também já foi visto no capítulo anterior, a anamnese é o diálogo preliminar estabelecido entre a(o) profissional de unhas e a(o) cliente, objetivando ajudá-la(o) a lembrar de situações e fatos relacionados à sua solicitação de serviços.

Preparação

As mãos das(os) clientes são higienizadas e o esmalte existente é removido com removedor de esmalte. O técnico também pode aparar e modelar as unhas de acordo com a preferência da(o) cliente.

Em casos de lesões durante o corte e remoção da cutícula ou outro procedimento, de modo geral, o pó ou líquido hemostático é utilizado para estancar o sangramento. Por ser um produto em pó ou líquido, ele é de fácil aplicação, facilitando o processo de cicatrização e estancamento de sangue.

Esfoliação

O(a) profissional de unhas pode aplicar um esfoliante nas mãos e massageá-la suavemente para remover as células mortas da pele e suavizar a superfície da pele. A esfoliação ajuda a suavizar a pele e melhora a circulação sanguínea, além de proporcionar o relaxamento do cliente nessa fase do processo.

Massagem

Uma massagem hidratante nas mãos é realizada com loção, óleo ou creme para hidratar e nutrir a pele. A massagem ajuda a relaxar e a melhorar ainda mais a circulação sanguínea e a interação do(a) cliente com a(o) profissional de unhas.

Imersão das unhas

As mãos da cliente são embebidas em água morna com sabão ou em solução de imersão especializada para amaciar as cutículas e a pele ao redor das unhas. Essa etapa auxilia na limpeza e na hidratação das mãos.

Cuidados com as cutículas

Após a imersão, o(a) profissional empurra suavemente as cutículas com um empurrador ou bastão (palito) de laranjeira. Qualquer excesso de tecido cuticular é aparado com pinças de cutícula. É essencial ser gentil e cuidadosa(o) para evitar causar lesões ou danos ao leito ungueal.

Limpeza e lixamento

Usando uma lixa apropriada para finalização das unhas, lixa bloco, por exemplo, o profissional executa o lixamento para alisar e nivelar a superfície das unhas, preparando-as para a esmaltação. É importante que o(a) profissional fique atento(a) durante o processo de lixamento, pois o excesso de repetições no mesmo local e a pressão exagerada podem causar danos às unhas e à matriz ungueal. Para finalizar e remover o pó gerado pelo processo de lixamento, use uma escovinha de unhas com cerdas de nylon para higienizar e limpar as unhas.

Aplicação de esmalte

Nesse momento, o profissional aplica uma camada de base para proteger as unhas, seguida de duas camadas da cor de esmalte escolhida pela(o) cliente. Depois de deixar secar cada demão, é aplicado um acabamento para selar a cor e dar brilho. Alternativamente, a cliente pode optar por um polimento natural, uma aplicação de esmalte transparente ou, ainda, óleo de cutícula.

Toques finais

O excesso de esmalte ou loção é removido da pele ao redor das unhas com um cotonete ou pincel embebido em removedor de esmalte. As unhas são inspecionadas quanto a imperfeições e retoques adicionais são feitos caso seja necessário.

> **Conselhos sobre cuidados posteriores:** este é o momento em que o profissional orienta a(o) cliente sobre cuidados posteriores, incluindo dicas de manutenção, proteção das unhas e agendamento de atendimento futuro, tanto para novos serviços como para manutenção do processo executado.

Pagamento e agendamento

O cliente paga pelo serviço e caso tenha interesse em agendamentos futuros poderá agendar a próxima visita com a recepcionista do salão.

Para um serviço de pedicure, os passos são semelhantes, mas envolvem molhar e tratar os pés em vez das mãos. Além disso, as pedicures geralmente incluem etapas adicionais, como remoção de calos, lixamento de calcanhar, esfoliação e massagem.

Lá vou eu mais uma vez esmagar a mesma tecla: o atendimento ao cliente – uma vez que esse é, para mim, e deveria ser para todos, o ponto-chave, o "x" da questão, o detalhe fundamental que carrega nas costas o êxito de qualquer empreendimento, o atendimento ao cliente é, acima de tudo, essencial para qualquer negócio.

Podemos resumir o atendimento ao cliente dizendo que é um conjunto de ações feitas para atender às necessidades do seu público. O atendimento ao cliente é, inclusive, a chave para o sucesso ou o fracasso do seu negócio.

É importante que os técnicos de unhas sigam práticas adequadas de saneamento e higiene durante todo o serviço para garantir a segurança e o bem-estar de seus clientes.

Capítulo 9
Equipamentos profissionais da manicure

Devemos levar em conta que hoje o salão de beleza não é mais apenas um local para cuidar da beleza estética em si, como unhas, cabelo, pele etc. Ele também é visto como um ambiente de relaxamento, encontro com as amigas, distração, interação etc.

C9 - 001 Equipamentos da manicure

ID: 19165438 | Manicure © Mozgova | Dreamstime.com

Diante dessa nova realidade, criar um ambiente confortável e eficiente para manicure envolve ter o equipamento e a configuração adequados, que promovam e agucem os sentidos daqueles que ali trabalham e frequentam.

Segue uma lista de equipamentos essenciais comumente encontrados na área de atendimento da manicure de um salão de beleza. Considerando que de tempos em tempos novos equipamentos são desenvolvidos, veja essa lista apenas como um exemplo.

Mesas de manicure

Essas mesas são projetadas especificamente para a realização de manicure e normalmente são equipadas com um apoio de braço acolchoado, gavetas de armazenamento para ferramentas e suprimentos e uma superfície de trabalho fácil de limpar.

Cadeiras de clientes

Cadeiras confortáveis e com braços para as clientes se sentarem durante os tratamentos de manicure. Altura ajustável e recursos reclináveis aumentam o conforto.

Racks para esmaltes

Expositores ou prateleiras para organizar e exibir uma variedade de cores e marcas de esmaltes para os clientes escolherem.

Secadores de unhas UV ou LED

Esses dispositivos ajudam a curar e a secar rapidamente esmaltes, esmaltes em gel ou melhorias nas unhas, reduzindo o tempo de espera e o risco de manchas.

Broca e esmaltes

Brocas e esmaltes de unhas elétricos ou pneumáticos são usados para modelar, remover calosidades e polir a superfície das unhas.

Equipamento de esterilização

Autoclaves, esterilizadores UV ou desinfetantes químicos para esterilizar ferramentas metálicas como cortadores de unhas, empurradores de cutículas e tesouras entre os atendimentos para evitar a propagação de infecções.

Tigelas para imersão de mãos

Tigelas ou combucas usadas com agentes hidratantes para embeber e amaciar as mãos e unhas antes dos tratamentos de manicure.

Empurradores e pinças de cutículas

Ferramentas para empurrar as cutículas e aparar o excesso de tecido cuticular para manter a saúde e a boa aparência das unhas.

Cortadores de unhas e lixas

São ferramentas essenciais para aparar e modelar as unhas no comprimento e no estilo desejados.

Escovas de unhas

Pincéis de cerdas macias para limpar e preparar as unhas antes da aplicação do esmalte.

Loções e hidratantes para as mãos

Cremes e hidratantes para hidratar e nutrir a pele após os tratamentos de manicure.

Suprimentos descartáveis

Itens descartáveis, como lixas de unha, esmaltes, palitos de laranjeira, toalhinhas de papel para higiene etc.

Caso vá utilizar mecanismos simples de som para o seu estabelecimento, sem contratar uma empresa cara e especializada em sonorização de ambiente, seja minucioso(a) e atenha-se ao tipo de música escolhido. Ela deve ser tênue e servir de fundo para os diálogos que ocorrem no salão e não deve se sobressair a eles. Um exemplo de rádio muito usada para ambientar estabelecimentos é a Antena 1 (94,7 FM).

Iluminação

Uma boa iluminação é essencial para realizar trabalhos de manicure com precisão e riqueza de detalhes. A iluminação ajustável das tarefas ou fontes de luz natural podem ajudar os profissionais a verem as unhas com clareza.

Música ambiente ou rádio personalizada

Criar uma atmosfera relaxante com música suave, aromaterapia ou decoração agradável melhora a experiência da(o) cliente durante os tratamentos de manicure, pois, com certeza, a ambientação sonora desempenha um papel crucial, uma vez que o som afeta significativamente nossas emoções e nossas ações.

Um sistema de som cuidadosamente planejado é capaz de elevar o ânimo, aumentar a eficiência no trabalho e até mesmo influenciar na escolha e compra de produtos e/ou serviços, já que, comprovadamente, uma ambientação sonora adequada proporciona a todos os presentes uma sensação mais profunda de conexão com o ambiente circundante.

Barreiras sanitárias

Forros, toalhas ou tapetes descartáveis ou laváveis para cobrir superfícies de trabalho e proteger contra derramamentos e contaminação.

Ao investir em equipamentos de alta qualidade e manter um ambiente limpo e confortável, os técnicos de manicure prestam um serviço exemplar e garantem ainda mais a satisfação do cliente.

Materiais descartáveis

Os produtos de uso único, também conhecidos como produtos descartáveis, são essenciais nos salões para manter a higiene, prevenir a contaminação cruzada (cliente > profissional, profissional > cliente) e garantir a segurança de todos que ali trabalham. Segue uma lista básica dos produtos de uso único usados em salões de beleza:

Luvas descartáveis: luvas de látex, vinil ou nitrila são usadas por profissionais de salão durante vários tratamentos para evitar o contato direto com a pele e fluidos corporais dos clientes. Eles são descartados após cada cliente.

Aventais ou batas descartáveis: são usados pelos funcionários do salão para proteger as roupas de produtos químicos, cabelos e outros detritos. Os aventais descartáveis são convenientes para fácil descarte após cada uso.

Bolas e almofadas de algodão: usadas para aplicar e remover esmaltes, maquiagem e produtos para a pele. Bolas e almofadas de algodão são descartadas após o uso para evitar a propagação de bactérias e germes.

Toalhas descartáveis ou toalhas de papel: são usadas para secar as mãos e limpar superfícies durante manicures, pedicures e tratamentos capilares. As toalhas descartáveis reduzem o risco de contaminação cruzada em comparação com as toalhas reutilizáveis.

Lixas e polidores de unhas descartáveis: limas e polidores de unhas descartáveis são usados para modelar e alisar as unhas durante tratamentos de manicure e pedicure. São descartados após cada cliente para evitar a transferência de bactérias e fungos.

Varinhas de rímel e pincéis para lábios descartáveis: usados para aplicar rímel e produtos para os lábios para evitar a contaminação de produtos de maquiagem com bactérias da pele dos clientes.

Fitas ou *necklace* descartáveis: são colocadas ao redor do pescoço dos clientes durante cortes de cabelo para proteger as roupas de cabelo e produtos químicos. Eles são descartados após cada uso.

Forros descartáveis para pedilúvios: usados para forrar pedilúvios durante tratamentos de pedicure para manter a limpeza e a higiene. Os forros são removidos e descartados após cada cliente para evitar a propagação de infecções.

Máscaras faciais e protetores oculares descartáveis: utilizados durante tratamentos faciais para proteger os olhos e a boca do cliente dos produtos e para manter a higiene. Máscaras descartáveis e protetores oculares são descartados após cada uso.

Suprimentos descartáveis para depilação: isso inclui espátulas, fitas e aplicadores descartáveis usados em tratamentos de depilação para evitar a propagação de bactérias e garantir a higienização.

A utilização de produtos descartáveis em salões ajuda a manter um ambiente limpo e higiênico, promove a segurança e a satisfação dos clientes e minimiza o risco de infecção e transmissão de doenças.

Câmara UV

Uma câmera UV (ou cabine de luz UV) para manicure é um dispositivo usado na indústria de cuidados com as unhas, principalmente em salões de beleza e *spas*. É essencialmente uma câmara especial, equipada com luz ultravioleta (UV), que ajuda os profissionais de unhas e os clientes a visualizarem como as unhas ficarão sob diferentes condições de iluminação, realce com vestimentas etc.

C9 - 002 Câmara UV

ID: 114541806 | Manicure Equipment © Piotr Adamowicz | Dreamstime.com

Com maior frequência, a câmara de luz UV é usada no processo de cura de esmaltes de gel e outros produtos para unhas curados por UV. Esses produtos podem parecer diferentes em condições normais de iluminação em comparação a quando são expostos à luz ultravioleta. A câmera de manicure UV oferece uma maneira de visualizar a aparência das unhas quando expostas à luz UV, permitindo ajustes na escolha da cor ou na técnica de aplicação antes da etapa final de secagem.

Além disso, câmeras UV de manicure também podem ser utilizadas para detectar quaisquer imperfeições ou irregularidades na superfície da unha que não são visíveis em condições normais de iluminação, garantindo um trabalho mais preciso e profissional.

No geral, as câmeras UV ajudam a melhorar a experiência da(o) cliente e a qualidade dos serviços prestados.

Cuidados no uso da câmara UV

Após testes de laboratório, hoje já se sabe que a luz ultravioleta pode causar danos à saúde da pele quando a exposição ultrapassa um período seguro. Fica aqui um alerta para clientes e profissionais: antes de fazer uso de qualquer equipamento desse tipo, verifique e siga todas as especificações do produto e nunca adquira equipamentos de origem duvidosa, principalmente oriundos do exterior.

Um estudo utilizando três segmentos celulares de dois humanos e de um rato mostrou que uma sessão de vinte minutos pode matar de 20 a 30% das células. A pesquisa foi publicada em 17 de janeiro de 2023, na revista Nature Communications por pesquisadores da Universidade da Califórnia, em San Diego, nos Estados Unidos. (Fonte: Revista Galileu - https://revistagalileu.globo.com/saude/noticia/2023/01/luz-ultravioleta-para-secar-unhas-pode-gerar-riscos-a-saude-sugere-estudo.ghtml)

Capítulo 10
O esmalte de unhas

A palavra esmalte tem sua origem do vocábulo grego *smalto*, que significa "mole". Acredita-se, ainda, que o termo "malto" seja oriundo da palavra também grega *malakós*, que quer dizer "suave" ou "mole".

O esmalte, como todos já sabem, é uma harmoniosa mistura que se mostra com aspecto de cor e material únicos, embora se trate de algo composto (formado por vários produtos), e que apresenta capacidade plástica, ou seja, propriedade que lhe atribui aderência ou lhe permite fixar-se na superfície das unhas.

Como pintura decorativa das unhas, o esmalte pode ser rastreado até a antiga China, por volta de 3.000 a 3.500 a.C. Nessa época, as tonalidades utilizadas eram indicativas do *status* social, ou seja, dependendo da cor usada sabia-se o nível de riqueza daquela pessoa, tanto para homens quanto para mulheres.

No princípio, as mulheres faziam uso de uma combinação de clara de ovo, cera de abelha, gelatina e pétalas de flores para produzirem o seu próprio esmalte. Somente na década de 1920 é que se iniciou a produção em larga escala dos esmaltes como os conhecemos hoje.

Inicialmente, devido ao seu simbolismo hierárquico, a aplicação de esmalte era reservada apenas à realeza e servia, como dito anteriormente, como um de indicador de hierarquia social. Mulheres com unhas pintadas eram consideradas de classe alta.

Graças ao desenvolvimento dos povos e ao crescimento exponencial da indústria de cosméticos praticamente no mundo todo, hoje a maioria das mulheres utiliza esmaltes nas unhas das mãos e dos pés com o propósito de realçar sua beleza.

Nos dias de hoje, o acetato de etila é o solvente mais utilizado, sendo produzido por meio da reação entre o ácido acético (encontrado no vinagre) e o álcool etílico (presente em bebidas alcoólicas e utilizado como combustível de automóveis).

Composição do esmalte

Os esmaltes de unha são compostos basicamente por quatro ingredientes principais, que são:

1. Resinas.
2. Solventes.
3. Plastificantes.
4. Corantes.

Obedecendo a seguinte proporção: 85% de solventes (líquido diluidor que mantém a resina em forma líquida) e os 15% restantes por resinas (responsável por fornecer o acabamento solidificado à esmaltação), plastificantes (responsável pela elasticidade e pela uniformidade) e corantes (proporciona o tom de cor desejado ao produto).

Resinas

As resinas dos esmaltes são polímeros (componentes plásticos) que dão o brilho e aquele aspecto de filme (membrana) que os esmaltes ficam depois de secar sobre as unhas.

Os polímeros são o "centro nervoso" dos esmaltes, que são compostos por tosilamida (também conhecido por *resina de formaldeído* "**resina TSF**") e por nitrocelulose. Esses dois produtos trabalham em conjunto para promover o acabamento brilhante e a forte aderência que todos os esmaltes têm.

Tosilamida: especificamente, a resina tosilamida/formaldeído é um ingrediente-chave encontrado em alguns esmaltes, camadas de base e camadas superiores. Atua como agente formador de filme, contribuindo para a durabilidade e a adesão do esmalte à superfície da unha.

Nitrocelulose: cria uma superfície de esmalte dura e brilhante, mas se torna quebradiça quando usada sozinha (por isso trabalha junto com a tosilamida). Esse polímero é obtido a partir do algodão ou da madeira como resultado da reação química dos ácidos nítrico e sulfúrico.

Solventes

Os solventes (ou diluentes) fazem parte do conjunto químico do esmalte que tem como objetivo auxiliar a dissolução dos componentes plásticos, tornando possível que o esmalte liquidifique e possa ser aplicado nas unhas com o uso de um pincel; ou seja, os solventes ajudam a espalhar o esmalte sobre as unhas.

O solvente mais utilizado é o tolueno

Tolueno: substância orgânica que faz parte da função hidrocarboneto (apresenta apenas os elementos carbono e hidrogênio na sua constituição). O tolueno é um solvente aromático altamente puro com aparência de um líquido incolor e odor característico. Entre outras coisas, serve como matéria-prima para a produção de derivados de benzeno.

O tolueno é também adicionado a combustíveis (como agente anti-detonante) e utilizado como solvente em resinas, borrachas, tintas e revestimentos. Uma das principais características deste produto é a sua rápida evaporação aliada ao alto poder de dissolução. Assim sendo, quando sentimos o cheiro característico do esmalte de unha estamos sentindo o aroma do tolueno.

Outros tipos de solventes usados em esmaltes:

Álcool etílico (etanol): é uma substância orgânica obtida da fermentação da cana-de-açúcar, hidratação do etileno ou redução de acetaldeído. É encontrado em bebidas como cerveja, vinho, aguardente e outras bebidas alcoólicas, bem como também na indústria de perfumaria. É usado para dissolver ingredientes dos esmaltes de unha.

Álcool isopropílico: um solvente que evita que a nitrocelulose exploda durante o transporte e armazenamento. Além disso, pode ser utilizado com álcool e gel antibacteriano. Líquido incolor e transparente, altamente inflamável. São fabricados e destinados para uso em muitos ambientes domésticos e industriais e são inseridos como ingredientes em produtos como conservantes e desinfetantes. Levemente tóxico se ingerido ou absorvido pela pele.

Acetato de etila: um solvente com cheiro adocicado fabricado a partir do ácido acético (vinagre) e do etanol. Tem como vantagem sua evaporação mais rápida que a maioria dos demais. O acetato de etila é amplamente utilizado em diversos setores da indústria, como na produção de solventes, vernizes, tintas, adesivos e outros. Devido ao seu aroma adocicado, também é utilizado em produtos de higiene pessoal, como perfumes, desodorantes e removedores de esmalte de unha.

Acetato de propila: um solvente feito de uma mistura de ácido acético, propeno e gás propano. Esse solvente também se destaca pela sua secagem rápida. O acetato de propila é o éster (componente encontrado na cera de abelha, por exemplo) formado pela esterificação

Segundo estudos feitos até o momento, muitos acreditam que o tolueno pode causar danos ao fígado e ao sistema nervoso.

do ácido acético com o n-propanol, juntamente com um catalisador, assim como o ácido sulfúrico. Tem cheiro e leve sabor de pera, e por esse motivo ele é comumente utilizado como aromatizante e flavorizante em balas, alguns tipos de doces e gomas de mascar.

Acetato de butila: produzido por sistema de fermentação, esses solventes são feitos de ácido acético e butanol. O acetato de butila, também conhecido como etanoato de butila, consiste em um líquido límpido, volátil e inflamável, com um aroma característico de frutas que lembra o cheiro de banana e maçã. É obtido por esterificação (reação química reversível entre um ácido carboxílico e um álcool, produzindo éster e água) do ácido acético com n-butanol (um solvente orgânico, miscível (possível de se misturar) em vários solventes orgânicos e relativamente solúvel em água). É um solvente muito utilizado em produtos que não demandam rapidez na secagem, já que apresenta certa lentidão nesse quesito.

Plastificantes

Os plastificantes atuam como lubrificantes. Eles ajudam a garantir que o esmalte deslize sobre as unhas reduzindo o atrito. Se a dosagem de plastificante for inferior ao necessário, o esmalte se tornará quebradiço. Por outro lado, uma dosagem excessiva produzirá uma película muito macia, que levará mais tempo para secar.

Os principais plastificantes são o citrato de acetil tributila e o cânfora.

Citrato de acetil tributila (ATBC): é usado como um plastificante biodegradável para derivados de PVC e celulose, e é aprovado para materiais de contato com alimentos, podendo ser usado como um aditivo alimentar.

Cânfora: como medicamento, a cânfora oferece vários benefícios à saúde, tendo propriedades anti-inflamatórias, estimulantes, descongestionantes e antissépticas. Quando em forma de óleo ou pomada, tem um efeito positivo em vários órgãos do corpo humano, incluindo o tratamento de doenças neurológicas, a manutenção da saúde da pele e a melhoria do coração e do sistema respiratório.

Em sua essência, a cânfora é extraída da árvore canforeira, é uma substância que lembra a cera e a graxa, é semissólida e parcialmente cristalina, sendo encontrada na cor branca ou translúcida, é inflamável e tem odor forte e penetrante. Trata-se de um terpenoide que ocorre naturalmente na seiva e nos tecidos de diversas plantas. Na vegetação, a cânfora é usada como uma barreira de defesa contra o ataque de insetos e, em alguns casos, como proteção das plantas contra herbívoros.

Corantes

Os corantes são aditivos usados para dar cor aos esmaltes e outros produtos, como, bases, tintas e vernizes. As centenas de cores dos esmaltes são feitas de compostos de alta concentração que proporcionam cores variadas, vibrantes e duradouras. Como você já sabe, existe uma infinidade de cores de esmaltes no mercado, cada uma com suas características, beleza e benefícios relacionados.

Entre os vários tipos de corantes para esmaltes de unha que são utilizados pela indústria, alguns são solúveis em água, enquanto outros são solúveis em solventes orgânicos; alguns são à base de pigmentos, enquanto outros são à base de corantes vegetais ou químicos.

Tipos de corantes

Artificiais: são obtidos por processo de *síntese*. Também chamado de processo de *adição*, refere-se ao método usado para criar compostos químicos a partir de duas ou mais substâncias, que são geralmente mais simples, resultando em um produto mais complexo, visando desenvolver substâncias químicas inovadoras, com métodos mais eficientes e velozes para fabricar compostos previamente identificados.

Sintéticos: estrutura química como a dos corantes naturais, mas sintetizados em laboratório. Exemplo de corantes sintéticos:

- Eritrosina.
- Eosina.
- Fluoresceína.

Inorgânico: que não usa componentes vivos, sendo um composto formado por metais, não metais e/ou hidrogênio, como pedras e ácidos; por exemplo:

- Origem mineral.
- Óxido de ferro.
- Dióxido de titânio.
- Mica.

O processo de secagem e cura do esmalte

Diversas pessoas questionam sobre as distinções entre secagem e cura do esmalte de unhas, uma vez que *secagem* e *cura* aparentam significar a mesma coisa. Bem, vamos lá!

Entender e saber diferenciar os processos de secagem e cura dos esmaltes de unha é útil para que os profissionais do ramo possam alertar seus clientes para tomarem os devidos cuidados com suas unhas no pós-atendimento.

Secagem: refere-se à transição do esmalte líquido para estado semissólido. Esse processo geralmente ocorre, para esmaltes comuns (não de gel), dentro de alguns minutos (aprox. quatro minutos) após a sua aplicação sobre as unhas. Mas lembre-se que secagem não é o mesmo que cura, pois quando o esmalte está seco, a superfície da unha está apta para ser tocada, porém, por baixo e por dentro da camada de esmalte ele ainda não está curado, ou seja, ainda está úmido e sensível à pressão e ao atrito.

Sob temperaturas normais (26-30 ºC), em geral o esmalte cura em dez horas e isso se deve ao tempo total de evaporação dos solventes de sua fórmula, que, como já falado anteriormente, são as substâncias responsáveis por manter a consistência líquida do produto dentro da embalagem.

C10 - 001 O processo de secagem do esmalte

ID: 23310705 | Manicure © rufatjumali | Dreamstime.com

Cura: refere-se ao processo pelo qual o esmalte passa para atingir sua forma final resistente e durável; processo que se inicia a partir da aplicação do esmalte na unha.

Durante o processo de cura, os componentes voláteis do esmalte, como solventes ou água, evaporam, deixando apenas os componentes não voláteis, como pigmentos, resinas e aditivos. Quando essas substâncias não voláteis se unem e se combinam, formam uma película densa e pegajosa na superfície da unha, à qual damos o nome de esmalte.

O tempo de cura do esmalte de unha varia dependendo do tipo de esmalte e das condições climáticas, como temperatura e umidade. Os esmaltes à base de água, também conhecidos como esmaltes ecológicos, têm um tempo de cura mais curto do que aqueles à base de solvente.

É importante aguardar até que o esmalte cure completamente antes de submeter as mãos aos afazeres domésticos ou a outras atividades manuais, como tocar, coçar, abrir o carro, pegar coisas etc.; até mesmo limpeza das mãos ou aplicação de camadas adicionais. Após o processo de cura, o esmalte terá desenvolvido propriedades físicas e químicas, como resistência, durabilidade e a adesão adequada para não desprender facilmente das unhas.

A cura adequada do esmalte é essencial para se obter uma esmaltação de alta qualidade, durável, resistente a danos e que proporcione aparência uniforme e harmoniosa pelo máximo de tempo possível.

Lembre-se sempre: o processo de secagem é uma coisa e o de cura é outro. Como já dito antes, quando o esmalte está seco, a superfície da unha está apta para ser tocada levemente, porém, por baixo e por dentro, ainda não curou, ou seja, está úmido e sensível ao atrito.

Sempre que puder, o profissional deve usar máscara de proteção enquanto estiver em ambiente de trabalho, objetivando evitar a inalação do acetato de etila ou butila, uma vez que esse componente pode causar irritação nas vias respiratórias. É muito importante seguir as orientações do fabricante ao manusear o acetato de etila e qualquer outro produto químico.

Criando sua própria cor de esmalte

Imagine procurar uma cor de esmalte e não encontrar. Chato, não? Agora pense nas possibilidades que teria se pudesse dar ao esmalte a sua cara, o seu gosto! Combiná-lo a uma ocasião, por exemplo, e até surpreender as amigas! Pois bem, alegro-me de informar que isso é possível e dependerá unicamente da sua criatividade.

Existem muitos tipos diferentes de corantes de esmaltes no mercado, cada um com seus prós e contras, suas vantagens e desvantagens.

Preparação: a preparação da sua própria cor de esmalte é bastante simples e dispensa detalhamentos e delongas. Trata-se apenas de misturar corante e base, pois todo o processo vem impresso na embalagem, de acordo com as normas de cada fabricante.

Misturando cores: outra forma de criar sua própria cor de esmalte seria misturando cores, ou seja, misturando esmaltes de cores diferentes. Um exemplo seria misturar esmalte amarelo com azul para conseguir a cor verde ou amarelo com vermelho, que resultaria na cor laranja, e assim por diante.

Use e abuse da mistura de esmaltes e crie cores únicas que jamais achará em perfumarias nem nas unhas das amigas!

Entre os tantos existentes, os tipos mais comuns são:

Particularmente, acho que se o produto é bom e satisfaz as nossas necessidades vale a pena o tempo a mais e o esforço. Apesar disso, fica a critério de cada um escolher o que melhor lhe servir e convier.

Corantes à base de água: são seguros e fáceis de usar, mas seu brilho pode não ser tão exuberante quanto outros tipos. Esse tipo de corante pode não durar muito, principalmente se entrar em contato com água.

Corantes solúveis em óleo: estes corantes são mais brilhantes e mais resistentes à água do que os que os solúveis em água, tornando-os ideais para uso em esmaltes. No entanto, são mais difíceis de aplicar e exigem mais tempo de secagem e cura.

Corantes em pó: por produzirem cores brilhantes e intensas, eles ocupam o topo da lista de procura e uso. É ideal para criar efeitos especiais como *glitter*, brilhos e luzes fluorescentes. Como tudo que é bom costuma ter um custo maior, esses corantes são mais difíceis de usar do que os tipos citados anteriormente e exigem tempo de mistura mais longo.

Esmalte em gel

A esmaltação em gel é uma técnica usada para fazer com que a pintura das unhas dure mais em estrutura, brilho e beleza.

C10 - 002 Esmalte em gel

ID: 169304684 | Gel Polish © Starast | Dreamstime.com

Processo de fabricação do esmalte em gel (básico)

O processo de fabricação do esmalte em gel envolve várias etapas, objetivando criar um produto estável e duradouro. A seguir apresentarei uma visão geral de como o esmalte em gel normalmente é feito. Vale lembrar que é apenas uma visão básica e, portanto, sujeita a mudanças mediante a constante evolução industrial.

Seleção de ingredientes: as formulações de polimento em gel consistem em vários ingredientes, incluindo oligômeros (resinas), monômeros, pigmentos, solventes e aditivos. Esses ingredientes são cuidadosamente selecionados quanto à compatibilidade, desempenho e segurança.

Formulação: os ingredientes são misturados em proporções específicas de acordo com a fórmula desejada do esmalte em gel. Esse processo normalmente ocorre em um ambiente controlado, como um laboratório ou uma instalação de fabricação, para garantir precisão e consistência.

Aquecimento e mistura: algumas formulações de esmalte em gel requerem aquecimento para se dissolver certos ingredientes e promover a homogeneidade. Equipamentos de mistura, como agitadores ou homogeneizadores de alta velocidade, são usados para misturar completamente os ingredientes em uma mistura uniforme.

Dispersão de pigmentos: se o esmalte em gel incluir pigmentos para coloração, esses pigmentos deverão ser dispersos uniformemente em toda a formulação. Isso pode envolver etapas adicionais de mistura ou moagem para atingir a intensidade e a uniformidade da cor desejada.

Teste e controle de qualidade: amostras do esmalte de gel são testadas quanto a diversas propriedades, incluindo viscosidade, precisão de cor, estabilidade, adesão e características de cura. Medidas de controle de qualidade são implementadas para garantir que o produto acabado atenda a padrões e critérios específicos.

Embalagem: depois que a formulação do esmalte em gel for aprovada por meio de testes de controle de qualidade, ele é colocado em recipientes, normalmente frascos de vidro ou plástico com aplicadores de pincel. Os rótulos são aplicados nos frascos, fornecendo informações sobre marca, nome da cor, ingredientes e instruções de uso.

Cura: o polimento em gel requer cura sob lâmpadas UV ou LED para endurecer e secar. O processo de cura polimeriza os ingredientes do gel, criando um acabamento durável e brilhante nas unhas. Os fabricantes de esmaltes em gel podem fornecer recomendações específicas sobre tempos de cura e especificações de lâmpadas para obter resultados ideais.

Conformidade regulatória: os fabricantes de esmaltes em gel devem aderir às diretrizes regulatórias e aos padrões de segurança definidos pelas autoridades de seus respectivos países. Isso inclui garantir que os ingredientes utilizados são seguros para uso do consumidor e que o produto cumpre os requisitos de rotulagem relativos à divulgação de ingredientes, advertências e instruções de uso. No Brasil, possuímos os órgãos reguladores Anvisa e ABNT.

No geral, o processo de fabricação do esmalte em gel envolve uma combinação de conhecimento químico, desenvolvimento de formulação, controle de qualidade e conformidade regulatória para produzir um produto seguro, eficaz e esteticamente agradável para os consumidores.

Polimerização do esmalte em gel

O termo polimerização refere-se ao ato de juntar as moléculas de monômeros e resultar nos polímeros, o que é conseguido por meio da radiação emitida pela luz ultravioleta ou luz de LED. A polimerização do esmalte em gel ocorre quando as unhas são inseridas na cabine de luz ultravioleta e o fotoiniciador (substância que possibilita a conversão de energia luminosa em energia química) é exposto à luz UV de comprimento de onda e intensidade predefinidos, emitindo partículas chamadas de radicais livres que, a partir daí, iniciam a polimerização com a resina do composto de gel.

C10 - 003 Polimerização do esmalte em gel

ID: 304720329 © Natalia Rutz | Dreamstime.com

A reação química do processo de polimerização libera calor, dando a sensação de queimação nas unhas, e é chamada de reação exotérmica (pois aquece de fora para dentro).

Antes de falarmos mais do assunto polimerização propriamente dito e em detalhes, devemos entender primeiro o significado destas duas palavras:

Mono (monômero): refere-se a apenas uma unidade de algo. Neste caso, sendo a 1 mero apenas.

- Em resumo, os **Monô**meros são moléculas compostas por apenas um mero, que podem ser ligadas a outros monômeros e, como resultado, formar moléculas maiores, chamadas de **Polí**meros.

Poli (Polímero) – refere-se a mais de um item. Neste caso, a vários meros unidos que juntos formarão um Polímero.

- De forma resumida podemos entender que Polímeros são formados pelo resultado da junção de vários Monômeros.

Para entender de um jeito bem simplificado, imagine que grãos de areia seriam os monômeros, o cimento seria a luz ultravioleta, a água seria os raios UV em ação e um bloco de cimento já pronto seria os polímeros. Assim como a junção da areia, do cimento e da água formam o bloco maciço, a união de vários monômeros, por meio da fusão promovida pelos raios ultravioleta, produz os polímeros.

Composição do esmalte em gel

O esmalte em gel é composto por substâncias químicas que são ativadas por uma fonte de luz (LED ou UV), criando, assim, uma membrana resistente sobre as unhas.

A esmaltação em gel é uma excelente alternativa para quem deseja manter o esmalte bonito e brilhante por um longo período, sem descascamentos ou trincas, bem como em viagens duradouras, esportes radicais, trabalhos manuais e outros.

C10 - 004 Composição do esmalte em gel

ID: 18935477 © Wawritto | Dreamstime.com

Em química, um oligômero consiste em um número limitado (finito) de monômeros (do grego ολιγος = alguns ou alguns poucos). O grau de polimerização dos oligômeros gira entre 5 e 100.

A formulação específica do esmalte em gel varia entre os fabricantes e as linhas de produtos, mas normalmente o esmalte em gel contém os seguintes componentes principais:

Oligômeros (resinas): estes são os principais agentes formadores de filme no polimento em gel. Oligômeros são moléculas de cadeia longa que polimerizam quando expostas à luz UV ou LED, criando um acabamento durável e brilhante nas unhas. Oligômeros comuns usados em formulações de polimento em gel incluem acrilatos de uretano, acrilatos de poliéster e acrilatos de epóxi.

Monômeros: são pequenas moléculas que reagem com oligômeros durante o processo de cura para formar a rede polimérica, que confere resistência e adesão ao polimento em gel. Os monômeros comuns usados em formulações de polimento em gel incluem metacrilato de etila (EMA), metacrilato de hidroxietil (HEMA) e triacrilato de trimetilolpropano (TMPTA).

Pigmentos: os pigmentos dão cor ao esmalte em gel. Como já comentado anteriormente, os pigmentos usados em esmaltes são compostos orgânicos ou inorgânicos dispersos na formulação do gel para criar os tons e matizes desejados.

Solventes: são usados para dissolver e misturar os outros ingredientes na formulação do esmalte em gel. Eles também ajudam a controlar a viscosidade e as propriedades de fluxo do esmalte em gel. Os solventes comuns usados em formulações de polimento em gel incluem acetato de etila, acetato de butila e álcool isopropílico.

Iniciadores: trata-se de compostos que dão partida na polimerização quando o esmalte é exposto à luz UV ou LED. Geralmente eles são adicionados em pequenas quantidades à formulação do esmalte para garantir uma cura adequada.

Estabilizantes e aditivos: podem ser incluídos em formulações de esmalte em gel para melhorar a estabilidade e o desempenho ou fornecer propriedades específicas, como flexibilidade, durabilidade e brilho. Eles incluem absorvedores de UV, plastificantes, espessantes e promotores de adesão.

É importante observar que algumas formulações de esmalte em gel contém ingredientes adicionais como *glitter*, partículas de brilho ou aditivos de efeitos especiais, para criar acabamentos e texturas exclusivos.

As proporções exatas e os ingredientes específicos usados nas formulações de polimento em gel variam entre fabricantes e linhas de produtos, e algumas formulações também podem ser personalizadas para atingirem características de desempenho específicas ou atender aos requisitos regulatórios em diferentes regiões.

Os atuais produtos polimerizados via luz UV para unhas são capazes de proporcionar brilho e durabilidade por pelo menos quatorze dias consecutivos, quando comparado ao esmalte comum, que racha, perde o brilho e descasca em aproximadamente dois dias após a aplicação. Assim, podemos considerar um sucesso essa evolução. E as mulheres agradecem!

Embora as aplicações de esmaltação em gel e outros serviços com o produto sejam frequentes e muito bem aceitas pelo público, o parecer químico de sua utilização, prós e contras, riscos e outros ainda não são muito discutidos pública e cientificamente, provavelmente pelas lacunas existentes na literatura científica sobre o tema.

Aplicação do esmalte em gel

Tudo começa com a preparação das mãos, como no processo para a esmaltação convencional. Vejamos o passo a passo:

1. Corte e lixamento das unhas.
2. Retirada das cutículas.
3. Aplicação de base fixadora – Primer (o primer fixa-se nas unhas e o gel adere ao primer).
4. Aplicação da base em gel.
5. Levar as mãos à cabine de LED ou UV por alguns minutos.
6. Aplicação da primeira camada de esmalte em gel na cor escolhida.
7. Leva-se as mãos novamente à cabine de secagem.
8. A manicure usa um esmalte selante para fixação e brilho.
9. Novamente, as unhas são colocadas na cabine de luz.

O processo de aplicação do gel pode se repetir indefinidamente, dependendo da necessidade analisada pela manicure após cada processo de secagem.

Vantagens do esmalte em gel: o motivo que levou a esmaltação em gel a chegar ao patamar de "queridinha do Brasil" se concentra principalmente na maior durabilidade do esmalte e no brilho radiante, que praticamente não diminui até o fim da sua vida útil.

Desvantagens da esmaltação em gel: a primeira desvantagem está relacionada com a saúde. Embora pesquisas apontem que a exposição aos raios UVA dos tratamentos de unhas de gel, mesmo quando feitos a cada 15 dias, não é alta o suficiente para aumentar os riscos de câncer de pele, considerando ainda o curto tempo em exposição

Com a saúde não se brinca. Tomando o ditado popular – muito falado pelo meu avô – "É melhor prevenir do que remediar", é melhor usar protetor solar e luvas, uma vez que mesmo com luvas os dedos fatalmente ficarão expostos. Outra desvantagem é que à medida que as unhas crescem, as raízes ficam visíveis, carecendo de manutenção.

É importante diferenciar entre esmalte em gel e esmalte de efeito gel, que são aplicados da mesma forma. E ressaltando: como o esmalte com efeito gel contém plastificantes e resinas naturais que propiciam a selagem das unhas, ele tem maior longevidade de cor e brilho do que os esmaltes tradicionais e é menos perigoso e não agride a saúde como o esmalte em gel. Embora ofereça maior durabilidade de cor e brilho, a estrutura física do esmalte de "efeito gel" tem durabilidade semelhante à do esmalte convencional.

a cada inserção das mãos na cabine de secagem, é recomendado se proteger durante os procedimentos, ação que não demanda grandes dificuldades e pode ser posta em prática por todos.

Um dos métodos de prevenção de danos à saúde é a aplicação de protetor solar nas mãos pelo menos 25 minutos antes do procedimento ou usar luvas com proteção contra raios UV (aquelas com dedos livres) para evitar a exposição das mãos.

A remoção do esmalte em gel é bem mais difícil e suscetível a danos à saúde das unhas e à pele, já que é necessário fazer uso de produtos especiais à base de acetona e outros.

Observe que no processo de remoção do esmalte em gel as unhas devem ser mergulhadas em removedor por pelo menos 10 minutos, gerando, com isso, entre outras coisas, abrasão, trincas, afinamento e ressecamento das unhas, além de poder causar danos graves e até permanentes no leito e na matriz ungueal.

Quando não usar esmalte em gel?

Unhas frágeis: as substâncias químicas do esmalte em gel e os produtos usados para a sua remoção são agressivos.

Pessoas com fragilidade intensa nas unhas: pessoas que têm as unhas muito frágeis podem ter a falsa impressão de que esse tipo de esmalte ajuda, já que ele se fixa melhor na unha, porém, em longo prazo, ocorre uma piora no quadro de hipersensibilidade.

Pessoas com doenças nas unhas: neste caso é altamente contraindicado, principalmente quando há infecções, inflamações ou micoses, e o procedimento deve ser feito apenas sob aprovação médica por escrito.

Pessoas com doenças de pele: em caso assim, nunca usar sem antes consultar um médico dermatologista, que está apto a apresentar um diagnóstico preciso e, quem sabe, autorizar ou não a aplicação. No caso, por exemplo, do lúpus e da erupção polimorfa à luz, essas doenças causam sensibilidade aos raios ultravioleta, o mesmo usado nas câmaras de secagem do esmalte em gel.

Quem usa medicamentos fotossensibilizantes.

Pessoas em tratamento contra o câncer.

Crianças.

É importante diferenciar entre esmalte em gel e esmalte de efeito gel, que são aplicados da mesma forma que os esmaltes comuns. Como o esmalte com efeito gel contém plastificantes e resinas naturais que selam a unha, o esmalte com efeito gel tem maior longevidade de cor e brilho do que o esmalte tradicional e é menos perigoso do que o esmalte em gel.

Capítulo 11
Alongamento de unhas

A moda do alongamento de unhas está em alta, com diversas opções para agradar a todos os gostos. Existem várias maneiras de conquistar unhas longas e duradouras, cada técnica com sua proposta única.

Certamente, escolher o tipo de alongamento para suas unhas é o primeiro passo, mas antes de decidir é importante conhecer todas as opções disponíveis e a tendência do momento. Entre as técnicas mais populares da atualidade estão os alongamentos em fibra de vidro, gel moldado, acrigel e acrílico.

Segundo pesquisa feita com profissionais do ramo da beleza no segmento de unhas artísticas, entre essas alternativas, as unhas de gel e fibra de vidro são as preferidas, pois proporcionam uma curvatura natural muito semelhante às unhas naturais.

Além do mais, clientes que já experimentaram o procedimento de alongamento de unhas demonstram satisfação adicional com o método de fibra de vidro devido à sua maior durabilidade em comparação com outras técnicas de alongamento.

Antes de correr para o salão para fazer extensão de unhas, é muito importante pesquisar para encontrar um(a) especialista qualificado(a) para realizar o procedimento. Contate as amigas e pesquise na *web*. Sempre haverá alguém que indique o local certo para você.

As extensões são feitas sobrepondo-se às unhas naturais, que continuam crescendo naturalmente. Se a aplicação for corretamente efetuada, por um(a) profissional que tenha pleno conhecimento da química dos produtos envolvidos e que usa produtos de qualidade e saiba manuseá-los, certamente não haverá problemas com o trabalho feito ou com a saúde da unhas e áreas adjacentes.

Biossegurança – Uma prioridade antes de qualquer procedimento

Trata-se de um conjunto de estratégias destinadas a evitar, reduzir ou eliminar os perigos associados às atividades de prestação de serviços dentro de um salão de beleza ou estabelecimento destinado a esse fim, que possam afetar a saúde de todos que ocupam o ambiente e a qualidade das tarefas ali realizadas.

C11 - 001 Biossegurança

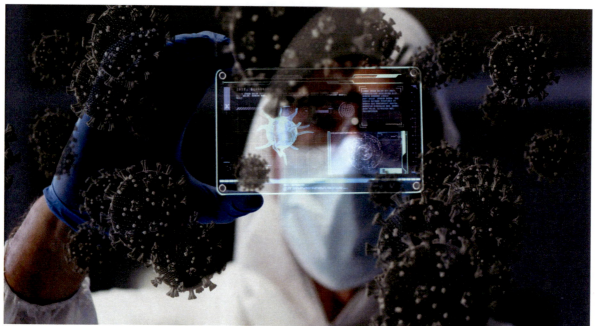

ID: 310909841 © Wave Break Media Ltd | Dreamstime.com

Vale lembrar que a segurança no local de trabalho depende de todos que ali executam alguma função, independentemente de qual seja. Todos devem, em conjunto, planejar as tarefas a serem executadas, verificando, por exemplo, o funcionamento da aparelhagem a ser utilizada, ter pleno conhecimento do material a ser manipulado, estar atento à limpeza e à esterilização de ferramentas etc.

Unhas de fibra de vidro

A fibra de vidro é o material empregado nesta técnica de alongamento de unhas, utilizando filamentos de vidro (vidro em forma de microlâminas), que são modelados sobre a unha natural.

A fibra de vidro tem a função de criar a nervura interna que permite a flexibilidade, porém sem permitir a quebra das unhas, enquanto o gel UV dá corpo estrutural à unha.

O processo de construção de unhas de fibra de vidro funciona semelhantemente a uma estrutura de concreto armado, sendo a fibra a ferragem e o gel o concreto, que dá corpo e molda colunas e vigas.

Observe na imagem a seguir a fibra já estendida sobre as unhas:

C11 - 002 Unhas de fibra de vidro

©Sangiao Photography ID:12029147958 Shutterstock.com

As unhas de fibra de vidro estão se tornando populares no ramo da estética graças à resistência e à versatilidade que oferecem. Com essa técnica de alongamento é possível ter unhas em diferentes tamanhos – grande, médio ou pequeno – e, o melhor, com um visual bastante natural.

Embora sejam popularmente chamadas de "unhas de fibra de vidro", na realidade são feitas com gel UV (que requer secagem em luz UV ou LED) e filamentos de fibra de vidro. Esses materiais são utilizados como base para a aplicação e modelagem do gel, atuando como uma estrutura de suporte que proporciona resistência e sustentação às unhas.

Por serem confeccionadas de forma artesanal, as unhas de fibra de vidro imitam bem a curvatura das unhas naturais de cada indivíduo – tanto o gel quanto a fibra de vidro se adaptam ao contorno de cada unha.

Depois da aplicação, as fibras são modeladas e lixadas para obter o formato desejado. O resultado final são unhas longas e elegantes semelhantes às unhas naturais. Devido ao aspecto delicado que proporciona às mãos, o alongamento de unhas fibra de vidro vem se tornando cada vez mais popular entre os serviços de manicure e *design* de unhas. A construção de unhas de fibra de vidro é um processo minucioso, demorado e criativo, exigindo as habilidades de um profissional especializado nesse tipo de técnica.

A seguir vou descrever as fases essenciais na criação de unhas de fibra de vidro, porém é importante ressaltar que esses são apenas passos básicos, pois cada profissional tem sua própria abordagem e técnicas únicas, adquiridas e aprimoradas com a prática ao longo do tempo.

Preparação das unhas (lixamento, corte etc.):

- Seleção das fibras de vidro (normalmente em feixes para cada unha).
- Aplicação da cola especial (produz aderência forte, trabalhando entre o gel e a unha).
- Posicionamento das fibras (o ato de espalhar a fibra em fileiras paralelas seguindo o comprimento da unha).
- Secagem do gel (a mão é inserida na câmara [cabine] de luz UV ou LED).
- Moldagem e lixamento.
- Finalização.

Após a secagem completa da última camada de gel (em câmara UV ou LED), as unhas estarão prontas para receber esmalte ou outro acabamento artístico de preferência da cliente, resultando em um trabalho impecável e de qualidade.

É importante que após a conclusão do trabalho o profissional oriente a cliente sobre os devidos cuidados e a manutenção para garantir a longevidade das unhas.

Vantagens da fibra de vidro

As unhas de fibra de vidro oferecem diversas vantagens em relação a outros métodos que as tornam atraentes para quem deseja unhas longas, bonitas e duráveis. A principal vantagem é a durabilidade, pois o material das unhas de fibra de vidro é durável, permitindo que permaneçam intactas por mais tempo.

Além disso, elas oferecem uma aparência mais natural quando comparadas às unhas postiças tradicionais. Isso porque o material utilizado é mais fino e maleável, possibilitando que as fibras se fixem nas unhas naturais. Dessa forma, o resultado gera a sensação de unhas naturais alongadas e fortalecidas.

Outra grande vantagem das unhas decorativas de fibra de vidro é que elas são mais saudáveis para a saúde geral das unhas. Ao contrário de algumas técnicas de alongamento que podem causar danos às unhas naturais, a aplicação da fibra de vidro não danifica a camada natural da pele, desde que feita de maneira correta.

Por fim, as unhas de fibra de vidro podem ser personalizadas de acordo com as preferências de cada cliente. Com moldagem flexível, além de aceitarem diversas cores de esmaltes, também podem ser confeccionados em diversos estilos e formatos, como quadrado, amendoado, mais comprido ou mais curto.

Cuidado especiais

Para manter suas unhas de fibra de vidro bonitas e duradouras existem alguns cuidados importantes que devem ser seguidos. Por exemplo, evitar o uso excessivo de produtos químicos e usar luvas ao realizar tarefas domésticas ajuda a proteger a adesão de géis e fibras. Além de tudo que já foi dito, hidratar as cutículas regularmente auxilia a prevenir o ressecamento e o desgaste do material.

Com esses cuidados simples, as unhas de fibra de vidro permanecerão com uma aparência natural, mantendo o resultado do procedimento intacto por muito mais tempo.

A fibra de vidro e seus perigos

Apesar de sua aparência atraente, a utilização da fibra de vidro para o alongamento de unhas tem contra indicações e pode resultar em infecções.

Atualmente, as unhas de fibra de vidro e de gel estão em alta e têm se destacado cada vez mais pela divulgação por influenciadoras digitais e celebridades nas redes sociais.

Muitas mulheres estão aderindo a esses tipos de unhas por razões estéticas, devido a sua resistência e a durabilidade do esmalte, que pode durar cerca de um mês, algo difícil de ser alcançado com um esmalte convencional.

No entanto, esses acessórios podem trazer riscos para a saúde das unhas, das mãos e das pessoas, tornando-as mais suscetíveis a fungos e bactérias. De acordo com a Sociedade Brasileira de Dermatologia do Rio

Antes de realizar um procedimento de aplicação de unhas de fibra de vidro, é essencial consultar um dermatologista para avaliar a saúde das suas unhas. Alerte a(o) sua(seu) cliente durante a anamnese e jamais execute o trabalho sob suspeita de infecção ou problemas nas unhas e nas mãos.

Grande do Sul (SBD-RS), o alongamento de fibra de vidro pode ser mais prejudicial do que o feito com gel.

A unha de fibra de vidro seguramente gera riscos, tornando o procedimento perigoso, já que é necessário lixar a superfície da unha, criando cavidades onde as microfibras (de vidro) são fixadas diretamente, propiciando suscetibilidade a infecções por bactérias e fungos. Há casos de pacientes que precisaram remover o procedimento rapidamente devido a alergias, que causaram dor e ardência. Além disso, é fundamental observar as contraindicações desses procedimentos, que não são recomendados para pessoas com psoríase (ver Capítulo 3), gestantes, diabéticos ou em tratamento contra o câncer.

Unhas de gel

As unhas de gel são um tipo de aprimoramento de unhas artificiais que é aplicado sobre as unhas naturais para criar uma camada rígida, brilhante e duradoura. As unhas de gel são populares na indústria da beleza por sua aparência natural, flexibilidade, resistência a quebras, esfarelamento e trincas.

C11 - 003 Unhas de gel

ID: 108162616 | Gel Nail © Dmytro Dudchenko | Dreamstime.com

Cuidados necessários

Assim como a pele e o cabelo, as unhas também precisam de cuidados. Para garantir que as suas extensões tenham vida longa, é importante seguir todas as instruções e todos os cuidados fornecidos pela(o) sua(seu) profissional de unhas. Um bom exemplo é não deixar as unhas muito longas para que não dobrem excessivamente. Ao dobrar repetidamente as unhas elas podem sofrer quebra ou descolamento. Também é bom usar sabão neutro e óleos hidratantes diariamente ao lavar as mãos para evitar unhas secas e rachadas.

Proteja suas unhas na praia ou na piscina, tomando alguns cuidados ao tocar em objetos, como abrir e fechar o carro, e levando sempre um hidratante ou óleo para as mãos. O contato tanto com o sal da água do mar quanto com o cloro da piscina pode enfraquecer substancialmente as unhas.

As vitaminas A, B, E, zinco e cálcio são nutrientes que ajudam a fortalecer e a dinamizar o crescimento das unhas. Nesse caso recomendo consultar seu médico de confiança para uma avaliação profissional.

Outra coisa importante a se considerar é o uso de luvas nas tarefas domésticas para que as unhas não sejam expostas diretamente a produtos químicos. Se precisar remover extensões de unha é preferível que use um removedor de esmalte ao invés de acetona, mas recomendo que você procure ajuda profissional para removê-las ao invés de fazê-lo em casa.

Seguem considerações mais detalhadas das unhas de gel:

Material: as unhas de gel são normalmente feitas de uma substância semelhante a um gel, que é aplicada em camadas sobre as unhas naturais. O gel para unhas artificiais foi projetado para ser flexível e durável, proporcionando resistência e proteção às unhas naturais ao mesmo tempo em que permite que dobrem e flexionem sem criar vinco ou quebrar.

Processo de aplicação: o processo de aplicação de unhas de gel envolve várias etapas e é sempre executado por profissionais de alto nível no ramo das unhas artísticas.

O processo de construção das unhas de gel começa basicamente com a limpeza das unhas naturais, que são preparadas removendo-se qualquer esmalte antigo e polindo suavemente a superfície da unha para criar uma base lisa e porosa.

A seguir, um agente de ligação (primer) é aplicado para proporcionar a adesão necessária entre a unha natural e o gel. Então o gel é aplicado em camadas finas com pincel ou aplicador, sendo cada camada curada sob lâmpada UV ou LED para endurecer e secar.

Múltiplas camadas podem ser aplicadas para aumentar a espessura, a forma, o comprimento e a resistência conforme desejado.

O tempo de cura varia dependendo do produto de gel utilizado e do tipo de lâmpada da câmara de luz.

O processo de cura: a cura é uma etapa crucial no processo de aplicação de unhas de gel. Para isso, as unhas requerem exposição à luz UV ou LED para iniciar a polimerização. Então, em uma cabine de luz UV ou LED, uma reação química transforma o gel líquido em um material rígido, flexível e durável.

Acabamento: depois que as unhas de gel estão curadas, elas normalmente são polidas e modeladas para atingir o comprimento e o formato desejados. Uma camada final de gel transparente pode ser aplicada para adicionar brilho e proteção às unhas.

Manutenção: as unhas de gel requerem manutenção regular para mantê-las com aparência de recém-colocadas. Isso inclui preencher quaisquer lacunas ou crescimento no leito ungueal, remodelar as unhas e aplicar camadas adicionais de acabamento em gel para manter o brilho e a durabilidade. As unhas de gel normalmente duram várias semanas antes de precisarem ser preenchidas ou removidas.

No geral, as unhas de gel são uma escolha popular para quem procura um produto de alta qualidade, duradouro e de aparência natural.

Unhas de acrílico

As unhas de acrílico constituem um método de extensão em que se utiliza uma combinação de pó e líquido acrílico conhecido como monômero.

C11 - 004 Unhas de acrílico

ID: 280614683 | Acrylic Nail © Vagner Castro | Dreamstime.com

A técnica envolve a aplicação dessa mistura por meio de um pincel, formando uma massa que é aplicada sobre as unhas. Vale ressaltar que esse procedimento não requer cabine, pois a secagem ocorre de forma natural.

Acrigel

Como o próprio nome já diz, o alongamento de unhas acrigel combina acrílico e gel, sendo aplicado nas unhas naturais e moldado de acordo com o comprimento desejado.

C11 - 005 Acrigel

ID: 298944225 | Acrylic Nail © Artinun Prekmoung | Dreamstime.com

Com um visual leve e natural, a unha acrigel apresenta essa característica especial da fusão de materiais.

Destaque-se na multidão e dê um UP na carreira!

Em um mercado tão concorrido como o da indústria da beleza, é crucial saber e fazer de tudo para se destacar. Com uma enorme variedade de serviços e nível de profissionais disponíveis, pode parecer desafiador se destacar no mercado como manicure. No entanto, ao priorizar a excelência no atendimento ao cliente, você já dará um importante passo em direção ao sucesso profissional e à realização pessoal.

Para quem está iniciando, pode ser complexo familiarizar-se com as diversas técnicas oferecidas no universo das unhas, uma vez que novidades surgem constantemente. O diferencial de uma boa manicure está em se manter atualizada e bem-informada sobre sua área de atuação, visando sempre proporcionar o melhor serviço e oferecer os melhores produtos aos seus clientes.

Se você está em início de carreira ou almeja se destacar no mercado, saiba que não está sozinha nessa aventura e, no que depender de mim, o conteúdo deste livro te dará uma boa e sólida base para alçar voo e conquistar seus sonhos mais almejados.

Domine estes serviços e voe bem alto!

Tratamento/Alongamento com fibra de seda

Trata-se de uma técnica contemporânea que dispensa o uso de alongamentos. Ao ser aplicada sobre a unha natural, a fibra de seda forma uma camada protetora que ajuda a prevenir que a unha se quebre. A fibra de seda é uma ótima opção para pessoas que têm unhas frágeis, mas que não desejam alterar o comprimento de suas unhas naturais.

Há quem se habilite a usar a fibra de seda para realizar o alongamento de unha, porém o processo pode ser bem mais demorado do que com a fibra de vidro ou sintética, uma vez que a seda é praticamente um tecido, é flexível e de difícil manuseio para esse fim.

C11 - 006 – Domine este serviço

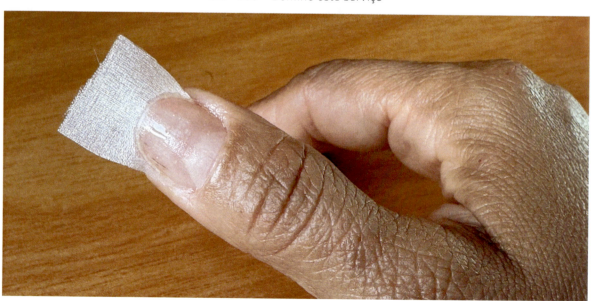

Imagem cedida gentilmente pela professora Maria Rodrigues

Alongamento em soft gel

Trata-se de um método moderno de alongamento de unhas desenvolvido utilizando moldes em gel pré-fabricados que se encaixam perfeitamente sobre as unhas naturais. Essa técnica inovadora proporciona resultado natural, alta aderência e rapidez na aplicação.

O método *soft* gel diferencia-se das unhas postiças tradicionais principalmente por não utilizar cola e, sim, um fixador flexível produzido com os mesmos componentes do gel das unhas. Por serem as unhas e o fixador flexíveis, a aderência é perfeita uma vez que ocorre a "ligação química" (*crosslinking*) devido ao compartilhamento dos componentes entre fixador e moldes *soft* gel.

C11 - 007 Alongamento em soft gel

©Maffi/ShutterStock.com ID *2509524117*

Alongamento em acrilfix (New York)

A técnica de alongamento de unhas chamada "unha de acrilfix" é uma opção inovadora, mais simples e mais econômica em comparação às unhas de gel, fibra de vidro e porcelana, pois dispensa o uso de cabines e outros equipamentos necessários para essas técnicas.

Os benefícios das unhas de acrilfix incluem: processo de aplicação rápido; sem riscos para as unhas; maior durabilidade do esmalte em comparação às unhas naturais.

C11 - 008 Alongamento em acrilfix (New York)

ID: 18284254 | Nail © Dmitrijs Gerciks | Dreamstime.com

Alongamento em gel

O método é fácil: uma camada de gel aplicada sobre as unhas naturais, conferindo um aspecto natural e durável. O procedimento de alongamento é seguro para a saúde das unhas e pode durar bastante, desde que seja feita a manutenção mensal. Ademais, serve como uma base perfeita para explorar a criatividade com diferentes cores e *designs* artísticos.

Não se esqueça de que a unha é composta por matéria porosa e é por essa porosidade que a oxigenação acontece. Sabendo disso, é fortemente recomendado que a aplicação, tanto de esmaltes como de alongamentos, seja feita de forma intermitente, ou seja, semana sim, semana não. Lembre-se: a saúde vem sempre em primeiro lugar.

C11 - 009 Alongamento em gel

ID: 303238299 | Nail © Alexander Donin | Dreamstime.com

Alongamento em porcelana

Apesar de serem chamadas de unhas de porcelana, elas não são feitas desse material. Essa nova técnica de alongamento utiliza um pó acrílico e um líquido chamado monomer. Ao contrário de outros métodos, a unha de porcelana é esculpida manualmente para se adequar ao formato da unha de cada pessoa.

C11 - 010 Alongamento em porcelana

ID: 326683800 | Nail ©Supsup | Dreamstime.com

Nail art

Nail art ou unha artística, em tradução livre para o português, trata-se de um conjunto de métodos criativos desenvolvidos para pintar e decorar as unhas, deixando um pouco de lado a esmaltação tradicional. As(os) profissionais responsáveis por executar trabalhos de *nail art* nos salões de beleza são conhecidos como *nail designers*.

Baby boomer

A técnica *baby boomer* tem conquistado os amantes de *nail art* com seu estilo, que surgiu nos anos 70, inspirado na clássica francesinha. O degradê suave é a principal característica dessa decoração, que destaca a delicadeza e os detalhes românticos das unhas. Utilizando duas cores, como branco, rosa e tons pastéis, é possível criar um visual *clean* e sofisticado.

C11 - 011 Baby boomer

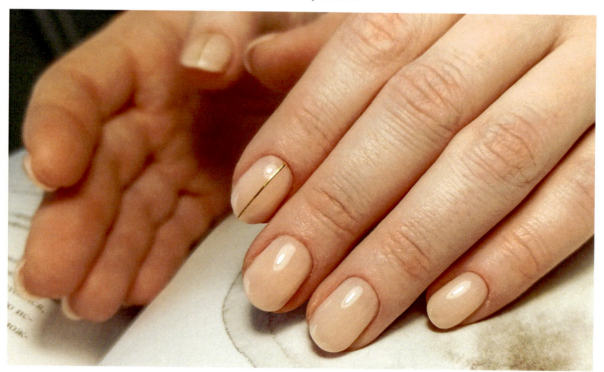

ID: 214729587 | Nail ©Kaia Ugan | Dreamstime.com

Blindagem de unhas

O procedimento envolve a aplicação de uma camada de gel que atua como uma barreira de proteção, fortalecendo as unhas naturais contra danos causados por impactos e substâncias químicas. Devido à rigidez, à transparência e à resistência do gel, a blindagem prolonga a vida útil do esmalte sem interferir na cor.

C11 - 012 Blindagem de unhas

ID: 109261570 | Nail © Marian Vejcik | Dreamstime.com

Bubble nails

Nos últimos tempos, uma nova moda tem se destacado nas redes sociais: as chamadas *bubble nails*. As unhas relativamente curtas e com curvatura em formato de "corcunda" estão ganhando destaque no mundo da beleza.

C11 - 013 Blindagem de unhas

O autor

Cutilagem russa

Essa técnica utiliza um equipamento elétrico (motorzinho) ao invés do alicate convencional para remover a cutícula, resultando em um acabamento mais refinado e sem as marcas comuns deixadas pelo alicate padrão. A principal distinção entre a manicure convencional brasileira e a russa está na maneira como a cutícula é removida. No restante, tudo é praticamente a mesma coisa.

Outro detalhe está nas brocas usadas, pois como mostrado na imagem C11 - 014, cada modelo serve para uma finalidade, tanto para remover a cutícula quanto para lixar e modelar as unhas naturais e os alongamentos.

C11 - 014 Cutilagem russa

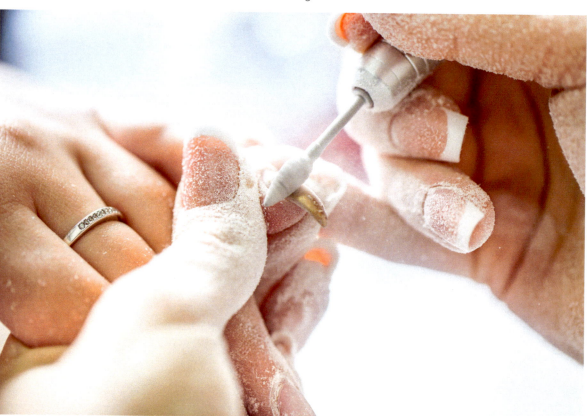

ID: 109261589/ Nail © Marian Vejcik | Dreamstime.com

Lixar em diferentes formatos

Alguns formatos de unhas são bastante populares entre as mulheres de todas as idades, como quadradas, redondas e ovais, por exemplo. Para os pés, o formato quadrado é mais recomendado, pois evita unhas encravadas. No entanto, se a cliente preferir unhas redondas, como uma boa profissional a manicure deve atender ao pedido.

Unhas quadradas são clássicas e têm laterais e bases retas, proporcionando um visual harmonioso. Para obter esse formato é importante lixar as unhas com movimentos precisos, evitando danos.

Já as unhas redondas são ideais para quem tem unhas frágeis, sem pontas nas laterais. Ao lixar, é necessário seguir o movimento curvo natural das unhas. É essencial verificar se não há fagulhas de unha nas pontas para evitar quebras futuras.

C11 - 015 Lixar em diferentes formatos

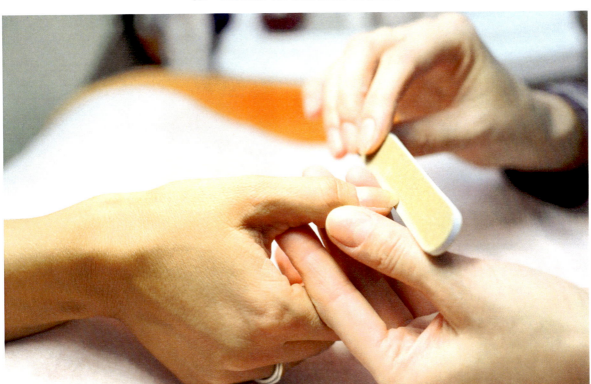

ID: 25096484 | Nail © Pavel Losevsky | Dreamstime.com

Para obter o formato redondo é recomendado esperar as unhas crescerem um pouco antes de iniciar o processo de lixamento.

Esmaltação em gel

Esse, sem dúvida, é o queridinho das mulheres, principalmente aqueles que trabalham fora ou dão duro em casa e querem uma esmaltação duradoura. A principal diferença entre o esmalte em gel e o esmalte convencional está na sua durabilidade.

Os esmaltes tradicionais duram cerca de uma semana nas unhas, podendo descascar mais cedo dependendo das atividades diárias. Por outro lado, o esmalte em gel pode durar de dez a quinze dias em unhas naturais.

Para quem utiliza unhas postiças ou alongamentos, como as de fibra, gel ou porcelana, o esmalte em gel pode permanecer por um período ainda maior.

C11 - 016 Esmaltação em gel

ID: 16408864 | Nail © Andrey Popov | Dreamstime.com

Manutenção de alongamentos

O procedimento é necessário uma vez que com o crescimento da unha é preciso reconstruir o espaço de crescimento. Se essa manutenção não for realizada, poderá ocorrer o descolamento da camada alongada, resultando em infiltração entre a unha natural e a camada postiça, e possíveis fungos nessa área. Caso ocorra tais danos não há outra opção senão remover as unhas e procurar um dermatologista para tratamento médico.

O atraso na manutenção pode acarretar diversos problemas, como manchas brancas e amarelas, indicando infecções fúngicas, e manchas esverdeadas, sinal de infecções bacterianas. Descamação e afinamento revelam fragilidade nas unhas, enquanto vermelhidão, inchaço e coceira nos dedos e em outras partes do corpo podem indicar dermatite de contato devido a substâncias usadas no alongamento das unhas.

Outra coisa a se lembrar é que o uso prolongado do alongamento pode causar o enfraquecimento das unhas e aumentar o risco de infecções por fungos e bactérias, tornando, assim, as pausas e intervalos igualmente importantes.

C11 - 017 Manutenção de alongamentos

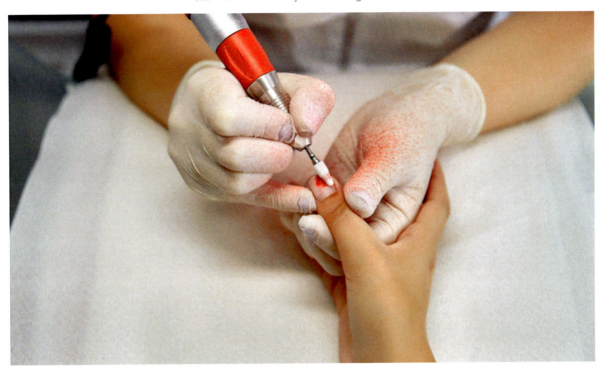

ID: 124877120 | Nail © Jenya Pavlovski | Dreamstime.com

Reiterando, é crucial lembrar que a falta de manutenção no tempo adequado pode resultar em descolamento dos implantes e, consequentemente, causar infiltração, levando à queda das unhas ou contaminação por agentes danosos.

Técnica da ponte

Aqueles que têm o costume de roer as unhas às vezes também acabam mordendo as extremidades, provocando lesões e falhas nessas regiões. A recuperação dessas áreas é mais detalhada e pode ser realizada utilizando a técnica da ponte, que envolve um procedimento feito com acrílico ou gel.

Unha modelo bailarina

C11 - 018 Unhas modelo bailarina

ID: 319286207 | Nail © Galina Vashchenko | Dreamstime.com

Unha *stiletto*

As unhas *stiletto* são muito populares entre aqueles que seguem as últimas tendências, proporcionando um visual moderno e *fashion*. Baseadas no estilo de unhas popular nas décadas de 60 e 70, as unhas *stiletto* estão se tornando cada vez mais populares entre as mulheres, sendo muito procuradas em salões de beleza e esmalterias especializadas em modelar as unhas nesse formato. Dominar esse estilo de unhas dá à profissional um grau elevado e domínio das novas tendências.

C11 - 019 Unhas modelo stiletto

C11-019 ID: 306668724 | Nail © Olga Korshunova | Dreamstime.com

Unhas em 3D

Originária do Japão e da Coreia, essa proposta une um estilo abstrato carregado de detalhes sofisticados e, sem dúvida, traz inovação para o universo dos esmaltes. Apesar de demandar uma combinação mais elaborada, essa tendência é daquelas que merecem nossa atenção e uma visita à manicure especializada.

C11 - 020 Unhas em 3D

ID 325112653 ©Supsup|Dreamstime.com

Unhas em gel

Sem dúvida, esse é um dos serviços mais procurados nos salões de beleza. Todo o processo é realizado utilizando um único material: o gel. Pode-se optar por um gel específico para a base ou aplicar o mesmo produto do início ao fim.

Devido à elasticidade do gel, é possível modelá-lo para proporcionar uma curvatura natural, similar à da unha. Além disso, ele não descola, é hipoalergênico (produto projetado para reduzir as chances de uma reação alérgica) e duradouro. Contudo é essencial fazer a manutenção a cada quinze dias. A remoção também é responsabilidade da manicure que, logicamente, cobra pelo trabalho.

C11 - 021 Unhas em gel

ID: 327054595 | Nail © Yulia Gapeenko | Dreamstime.com

Unhas encapsuladas

Trata-se de um método utilizado para proteger as unhas, criando uma barreira extra para os adornos, como *glitter*, flores desidratadas, lantejoulas e demais decorações soltas, sem necessidade de base adesiva. Mais resistente, essa finalização requer um gel específico que aumenta a durabilidade das *nail arts* e previne danos aos adornos.

Pode ser aplicado em unhas naturais ou com alongamento, garantindo uma pintura mais durável. A característica comum das unhas encapsuladas é a transparência, dando a impressão de os adornos estarem dentro de uma redoma de vidro.

C11 - 022 Unhas encapsuladas

ID: 325111977 | Nail © Supsup | Dreamstime.com

O uso correto da cabine de luz UV

Mesmo que pareça inofensiva, a utilização da cabine de unha em gel requer cuidados devido à exposição à radiação ultravioleta para secagem das unhas. Como já citado anteriormente no capítulo 9, de acordo com uma pesquisa realizada em 2023 pela Universidade da Califórnia, em San Diego, apenas vinte minutos de exposição podem resultar em 20 a 30% de morte celular, aumentando o risco de desenvolvimento de câncer de pele.

Por esse motivo é extremamente recomendado o uso consciente desse equipamento, zelando pela saúde tanto do cliente quanto do profissional.

C11 - 023 O uso correto da cabine UV

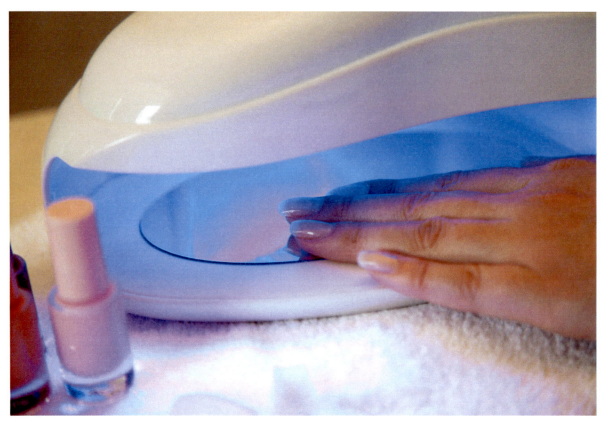

ID 28843793 | Nail © Anna Puhan | Dreamstime.com

Capítulo 12
Marketing – Propaganda

Eu bem que poderia ter escrito este capítulo em outro local deste livro, porém preferi seguir os conselhos dos meus avós e dos meus queridos e já falecidos pais, **Pedro** e **Maria José**, que diziam: "Primeiro se aprende a andar e só depois a correr"; e outro: "Nunca dê um passo maior do que as pernas". Assim, entendo que após todo o aprendizado que este livro proporcionou, o leitor está agora apto a pôr em prática tudo que aprendeu, então terá sentido aprender sobre marketing.

Marketing – alma, alimento e garantia de vida de um negócio

Com a alta competitividade em todos os nichos do mercado atualmente, impulsionada principalmente pelas redes sociais e pela internet de modo geral, é notória a batalha travada 24 horas por dia, sete dias por semana e 365 dias por ano, para captar novos clientes e fidelizar os já existentes ou recorrentes, mesmo quando as empresas já oferecem serviços de qualidade reconhecida e já têm nome no mercado.

Diante desse cenário de acirrada competição para aumentar a fatia do mercado, investir em marketing de serviços é, sem dúvida, a saída para manter-se no pódio, destacar-se na multidão e continuar a crescer.

C12 - 001 Marketing - A alma do negócio

ID: 106245129 | Marketing © Alexandersikov | Dreamstime.com

O que é marketing?

Na prática, marketing é sinônimo de propaganda, mas com uma pitada gourmet ou sofisticação, digamos assim, visto que agrega muito mais significado e abrangência que o antigo dito termo se refere.

O marketing moderno transpõe e moderniza não só o nome, mas o velho jeito de propagandear produtos e serviços. O novo termo ganhou volume, sendo agora um substantivo composto que remete às atividades e às estratégias que as empresas usam para promover, vender e distribuir seus produtos ou serviços aos consumidores.

Entender e abraçar essa nova terminologia envolve compreender as necessidades do cliente, criar valor e construir relacionamentos sólidos com a clientela para capturar valor e valores em troca. Como já dito, o termo marketing, na era atual, abrange uma ampla gama de atividades, incluindo pesquisa de mercado, desenvolvimento de produtos, preços, publicidade, vendas e distribuição.

Principais aspectos do marketing

Pesquisa de mercado: compreender as necessidades, as preferências e os comportamentos do seu público-alvo por meio da coleta e da análise de dados. Isso ajuda a identificar oportunidades de mercado e a tomar decisões de negócios.

Desenvolvimento de produtos: criação de produtos ou serviços que atendam às necessidades do mercado-alvo. Isso inclui projetar, testar e refinar produtos para garantir que eles agreguem valor aos consumidores.

Branding: desenvolver uma identidade de marca forte, incluindo logotipo, nome, *slogan* e imagem geral que diferencie seus produtos ou serviços dos concorrentes.

Preços: definir um preço que reflita o valor do produto ou serviço, esteja alinhado às condições de mercado e atenda às metas financeiras do negócio.

Promoção: comunicar o valor de seus produtos ou serviços ao mercado-alvo por meio de diversos canais, como publicidade, relações públicas, mídias sociais, e-mail marketing e eventos.

Vendas: o processo de persuadir os clientes a comprar seus produtos ou serviços. Isso envolve vendas diretas, vendas on-line, operações de varejo e muito mais.

Distribuição: garantir que os produtos ou serviços estejam disponíveis aos clientes onde e quando eles precisarem. Isso envolve logística, gestão da cadeia de abastecimento e seleção de canais de distribuição apropriados.

Gestão de relacionamento com o cliente (GRC): construir e manter relacionamentos com clientes para incentivar a fidelidade e a repetição de negócios. Isso inclui atendimento ao cliente, suporte pós-venda e engajamento por meio de diversos canais de comunicação.

Mix de Marketing (PPLP)

Um conceito fundamental em marketing é o *Marketing Mix*, que consiste em quatro elementos-chave, muitas vezes chamados de PPLP:

C12 - 002 Mix de Marketing (PPLP)

ID: 197902198 | Marketing © Dizain777 | Dreamstime.com

- **P**roduto: os bens ou serviços oferecidos para atender às necessidades do cliente. Isso inclui o *design*, recursos, qualidade e marca do produto.

- **P**reço: a quantidade de dinheiro que os clientes devem pagar para obter o produto. As estratégias de preços podem variar com base em fatores como demanda do mercado, concorrência e custo.

- **L**ocalização/**L**ogística: os locais e canais por meio dos quais o produto é distribuído e vendido. Isso inclui lojas físicas, plataformas on-line e redes de distribuição.

- **P**romoção: atividades e estratégias usadas para comunicar os benefícios do produto e persuadir os clientes a comprá-lo. Isso inclui publicidade, promoções de vendas, relações públicas e marketing digital.

Objetivos do marketing

Atrair novos clientes: identificar e direcionar clientes em potencial que provavelmente estarão interessados nos produtos ou serviços.

Reter clientes existentes: fidelizar e incentivar a repetição de negócios de clientes atuais por meio de excelente serviço e gerenciamento de relacionamento.

Construir o reconhecimento da marca: aumentar a visibilidade e o reconhecimento da marca para torná-la a escolha preferida entre os consumidores.

Geração de *leads* e vendas: criar interesse nos produtos ou serviços e converter esse interesse em vendas.

Criar valor institucional e comercial: garantir que os produtos ou serviços atendam ou superem as expectativas do cliente, proporcionando valor e satisfação.

Tendências modernas de marketing

Marketing digital: uso de plataformas on-line, mídias sociais, e-mail e mecanismos de pesquisa para alcançar e envolver clientes.

Marketing de conteúdo: criação de conteúdo valioso e relevante para atrair e reter um público claramente definido.

Marketing de influenciadores: parceria com influenciadores para promover produtos para seus seguidores.

Marketing baseado em dados: uso de análise de dados para entender o comportamento do cliente e otimizar estratégias de marketing.

Marketing de sustentabilidade: promoção de produtos ou serviços com base em seus benefícios ambientais ou práticas sustentáveis.

Bem, agora você já sabe que, em resumo e em sua essência, o marketing trata da criação de valor para os clientes e da construção de relacionamentos sólidos com eles para promover a captura de valor financeiro e valores institucionais, levando ao crescimento e ao sucesso do negócio e à satisfação plena do cliente.

Isso posto, a criação de um plano de marketing para serviços de beleza, que em nosso caso é o ramo das unhas, é essencial e envolve uma abordagem abrangente que engloba vários aspectos, desde a identificação do seu mercado-alvo até a escolha dos canais de marketing condizentes.

Analisando diversos setores e aspectos, fiz um apanhado geral e tentei aqui criar um guia básico para ajudá-lo(a) a desenvolver um plano de marketing eficaz para promover seus serviços e/ou negócio:

Pesquisa e análise de mercado

Identificando o público-alvo: determine quem são seus clientes ideais. Considere dados demográficos como idade, sexo, nível de renda e localização.

Análise dos concorrentes: estude os salões em sua área. Identifique seus pontos fortes e fracos e procure oportunidades de oferecer algo único.

Entenda as tendências do mercado: acompanhe as últimas tendências em beleza e bem-estar. Incorpore tratamentos e serviços populares que atraiam novos clientes.

Defina sua proposta de venda exclusiva

Destaque serviços exclusivos: concentre-se no que diferencia seu salão, como tratamentos especializados, atendimento superior ao cliente ou produtos ecológicos.

Promova conhecimento: se sua equipe tem certificações especiais ou ampla experiência, certifique-se de que isso seja bem conhecido dos clientes em potencial.

Fixe sua marca

Crie uma marca e uma identidade forte: desenvolva um logotipo, um esquema de cores e um *slogan* memoráveis e que representem os valores e os serviços do seu salão.

Mensagens consistentes: garanta que todos os materiais de marketing transmitam uma mensagem consistente sobre a missão do seu salão e os benefícios dos seus serviços.

Desenvolva uma estratégia de marketing

Desenvolvimento de site: crie um site atraente e fácil de usar, que mostre seus serviços, equipe e depoimentos de clientes. Inclua um sistema de reservas on-line.

Site com tecnologia moderna e atual: otimize seu site para mecanismos de pesquisa para aumentar a visibilidade. Use palavras-chave relevantes, crie conteúdo de alta qualidade e incentive avaliações on-line.

Marketing em mídias sociais: use plataformas como Instagram, Facebook e Pinterest para divulgar seu trabalho. Compartilhe fotos de antes e depois, depoimentos de clientes e ofertas promocionais.

E-mail marketing: crie uma lista de e-mail de clientes e clientes potenciais. Envie boletins informativos regulares com atualizações, promoções e dicas de beleza.

Marketing de conteúdo: crie conteúdo valioso, como postagens em *blog* ou vídeos em plataformas de *streaming*, que eduquem e envolvam seu público. Os tópicos podem incluir dicas de beleza, guias de procedimentos e tendências.

Parcerias com influenciadores: colabore com influenciadores locais ou blogueiros de beleza para alcançar um público mais amplo. Ofereça serviços gratuitos em troca de exposição nas redes sociais.

Publicidade local: use jornais, revistas, rádios e fóruns comunitários locais para anunciar seu salão. Considere campanhas de mala direta com ofertas especiais.

Promoções e ofertas especiais

Descontos introdutórios: ofereça descontos para clientes iniciantes para incentivá-los a experimentar seus serviços.

Programas de fidelidade: desenvolva um programa de fidelidade que recompense clientes recorrentes com descontos, serviços gratuitos ou ofertas exclusivas.

Programas de indicação: incentive os clientes atuais a te indicarem aos amigos e familiares oferecendo incentivos como descontos ou serviços gratuitos para indicações bem-sucedidas e efetivadas.

Promoções sazonais: crie pacotes especiais ou descontos em feriados e temporadas para atrair novos clientes.

Experiência e retenção do cliente

Atendimento ao cliente excepcional: treine sua equipe para fornecer atendimento ao cliente de alto nível. Uma ótima experiência pode transformar visitantes de primeira viagem em clientes fiéis.

Acompanhamento: envie e-mails ou mensagens de agradecimento após os compromissos. Ofereça descontos em serviços futuros para incentivar visitas de retorno.

Feedback do cliente: peça regularmente *feedback* do cliente para entender suas necessidades e melhorar seus serviços.

Meça e ajuste

Acompanhe o desempenho: use ferramentas como o Google Analytics, *insights* de mídia social e sistemas de CRM para acompanhar o sucesso de seus esforços de marketing.

Análise de dados: observe métricas como tráfego do site, engajamento nas redes sociais, taxas de abertura de e-mail e custos de aquisição de clientes para avaliar o que está funcionando.

Ajustar estratégias: com base em sua análise, ajuste suas estratégias de marketing para melhorar a eficácia. Concentre-se em canais de alto desempenho e refine ou descontinue os menos eficazes.

Cronograma de marketing (exemplo)

Mês 1: lance o site, crie perfis de mídia social e inicie um boletim informativo por e-mail.

Mês 2: execute uma campanha publicitária nas redes sociais e introduza um programa de referência.

Mês 3: organize um evento de inauguração de salão ou reinauguração com descontos especiais.

Mês 4: colabore com influenciadores locais e implemente estratégias de SEO.

Mês 5: lance promoções sazonais e inicie esforços de marketing de conteúdo.

Mês 6: revise os dados de desempenho e ajuste as estratégias conforme necessário.

Seguindo essas etapas, adaptando e melhorando alguns pontos que julgar interessantes e necessários à sua realidade geográfica e/ou estrutural, você poderá criar um plano de marketing abrangente, que promova com eficácia os serviços do seu salão, atraia novos clientes e fidelize ainda mais os já existentes.

"Um grande abraço, boa sorte e até a próxima, se Deus assim o permitir".
(Harrison N. Brown)

Referências

D. SCHOON, Douglas. **Nail structure and product chemistry**. Canadá: Thomson, 2005.

R. BOTERO, Alisha; HALAL, John; A. KILGORE, Mary; MCCONNELL, Jim; MCCORMICK, Janet; PETERS, Vicki; SCHOON, Douglas; Spear, Jeryl. **Milady standard – Nail technology**. 7. ed. United States of America: Milady - Cengage Learning, 2015/2011.

NEWMAN, Marian. **The complete nail technician**. Singapore: Seng Lee Press Ltd, 2021.

RUBINSTEIN, Ezequiel. **Introdução ao estudo da anatomia**. 20--. Disponível em: https://cedav.com.br/wp-content/uploads/2023/09/introducao-ao-estudo-da--anatomia.pdf. Acesso em: 28 dez. 2024

SCHOON, Douglas. **Face-to-face with Doug Schoon**: science and facts about nails/nail products for the educationally inclined. United States of America: Schoon Scientific, 22 out. 2016. (v. 1).

SCHOON, Douglas. **Face-to-face with Doug Schoon:** science and facts about nails/nail products for the educationally inclined. v. II. United States of America. Schoon Scientific, June 28, 2017.

SCHOON, Douglas. **Face-to-face with Doug Schoon:** science and facts about nails/nail products for the educationally inclined. v. III. United States of America. Schoon Scientific, December 13, 2017.